Natalie Wichmann (Text) & Miguel Marqueta (Bilder)

Walking the Big Apple

Zehn Spaziergänge durch New York City

Bibliografische Information der Deutschen Nationalbibliothek:

Die Deutsche Nationalbibliothek verzeichnet diese Publikation in der Deutschen Nationalbibliografie; detaillierte bibliografische Daten sind im Internet über http://dnb.dnb.de abrufbar.

Impressum:

Lektorat: Veronica Maidl

Copyright © 2014 GRIN & Travel

Ein Imprint der GRIN Verlag GmbH

Für Flo & Jule, Dirk & Jasmin und all die anderen NYC-Liebhaber

Für Mama und Mimi

Für Dich, wegen dem ich an diesem einzigartigen Ort bin

New York is the biggest collection of villages in the world.

Alistair Cooke

One belongs to New York instantly, one belongs to it as much in five minutes as in five years.

Tom Wolfe

New York ... is a city of geometric heights, a petrified desert of grids and lattices, an inferno of greenish abstraction under a flat sky, a real Metropolis from which man is absent by his very accumulation.

Roland Barthes

Das *eine* New York City gibt es nicht. Die Stadt teilt sich, wie bereits der amerikanische Journalist Alistair Cooke so treffend formulierte, in eine Vielzahl von kleinen Vierteln auf. Jedes hat sein eigenes Lebensgefühl, seinen eigenen Vibe. Der *Central Park* ist äußerst entspannt und schön grün, die *Upper West Side* sehr europäisch und leger, *SoHo* und *NoLIta* (*North of Little Italy*) dagegen lässig und cool, das *East Village* absolut authentisch und ein bisschen aufrührerisch. Am *Union Square* und im *Flatiron District* geht es multikulturell zu, in *Chelsea* und *Greenwich* ist die Atmosphäre quirlig und kreativ, *Williamsburg* gibt sich retro und hip, während *Lower Manhattan* nur so vor Macht und Reichtum strotzt. *Harlem* ist urban und alt und die *5th Avenue* und Midtown vibrieren förmlich vor Energie. Und das sind nur zehn ausgewählte Nachbarschaften, die man in NYC entdecken kann. Jeder sollte sich Zeit nehmen, weitere spannende Orte in der Stadt, die niemals schläft, kennenzulernen.

9

Central Park

New York, lookin' down on Central Park // Where they say you should not wander after dark // New York, like a scene from all those movies // But you're real enough to me, but there's a heart // A heart that lives in New York" - **Simon & Garfunkel**

Blick über den *Central Park* von der Dachterrasse des *Met* © Miguel Marqueta

An der 5th Avenue Ecke East 90th Street steht eine Kirche, die *Church of the Heavenly Rest*. Sie sieht ein bisschen wie eine abgebrochene Version von *Notre Dame de Paris* aus, nur kleiner. Gegenüber von dieser Kirche steht ein alter Baum, groß und knorrig, der im Frühjahr zart aufblüht. Hinter diesem Baum liegt eine doppelt geschwungene Steintreppe, die nach oben führt und an deren Ende einer der schönsten Ausblicke des *Central Parks*, vielleicht von ganz

New York City, auf die Besucher wartet. Man kann den Blick weit über das *Jackie Kennedy Onassis Reservoir* hinüber zur West Side schweifen lassen.

Das 48 ha große Bassin – es belegt stolze 12,5 % Prozent des *Central Parks* – ist einer der wenigen Orte, an denen ein Sonnenuntergang innerhalb von Manhattan bewundert werden kann. Im Frühjahr blühen die Kirschbäume blassrosa, im Herbst verwandelt sich das Reservoir in ein rot-braun-goldenes Meer aus Bäumen. Von hier sieht man das *Dakota Building*, vor dem John Lennon erschossen wurde, sowie die häufig im Dunst der Stadt leicht verschwimmende Skyline von Midtown. Man kann sogar, wenn man weiß, wo man stehen muss, von dort aus die Spitze des *Empire State Buildings* bewundern.

Blick über das Jackie Kennedy Onassis Reservoir © Miguel Marqueta

Gebaut zwischen 1858 und 1862 war das Reservoir ursprünglich einmal für die Wasserversorgung der Stadt zuständig, und zwar genau während der zwei Wochen im Jahr, in denen das Croton Water System gewartet werden musste.

Heute bietet es den Frischluftfanatikern von New York eine der schönsten Joggingstrecken der Stadt. Einmal rund um das Reservoir sind es 2,45 km und gelaufen wird – Achtung – nur gegen den Uhrzeigersinn. Keine Hunde, keine Kinderwägen, keine Fahrräder: Hier ist es ausschließlich erlaubt zu Fuß zu gehen. Seinen heutigen Namen trägt das Reservoir seit 1994, Namensgeberin Jacqueline Kennedy Onassis liebte es, dort zu joggen. Ebenso wie Bill Clinton, Madonna oder Charlotte York, eine der vier Ladies aus der HBO Erfolgsserie Sex and the City.

Am besten startet man den Spaziergang am Reservoir früh morgens, dann ist noch nicht so viel los und die Aussicht kann ungehindert genossen werden. Die Treppe wieder heruntergestiegen geht es auf dem East Drive weiter Richtung Süden, genauer Richtung Midtown. Immer mal wieder nach links schauen lohnt sich hier. Unter anderem schiebt sich dort kurz nach dem Reservoir das schlicht weiße, majestätisch auf der 5th Avenue thronende *Solomon R. Guggenheim Museum* in den Blick des Spaziergängers. Ein Abstecher hierhin bietet sich vor allem an einem Samstagnachmittag an, da ist das Museum kostenfrei. Allerdings sollte man früh da sein, innerhalb von Sekunden kann sich nämlich eine Schlange bilden, die einmal um den ganzen Block führt. Wer weiter geht, sieht auf Höhe der East 86th Street in nicht allzu weiter Ferne einen riesigen Glasbau aufblitzen. Hierbei handelt es sich schon um das nördliche Ende des *Metropolitan Museum of Art* – kurz *Met*. Die hohe Museumsdichte von der East 80th bis zur 103rd Street hat der 5th Avenue auf diesem Abschnitt den Namen *Museum Mile* eingebracht. Die Meile beginnt mit dem *Met*, es folgen von Süden nach Norden: *Goethe Institut* (East 83rd Street), *Neue Galerie* (East 86th Street), *Solomon R. Guggenheim Museum* (East 88th Street), *National Academy Museum* (East 89th Street), *Cooper Hewitt, National Design Museum* (East 91st Street), *Jewish Museum* (East 92nd Street) und das *Museum of the City of New York* (East 103rd Street).

Nachdem der East Drive die East 85th Street gekreuzt hat, geht es rechts tiefer in den Park hinein, Richtung *Great Lawn* mit seinen vielen Sportmöglichkeiten in den warmen Monaten. Auch *Belvedere Castle* findet man dort, eine der

Spielereien, die sich Frederick L. Olmsted und Calvert Vaux beim Design des *Central Parks* in den 1850ern ausgedacht haben.

Als Andrew Jackson Downing 1848 erstmals von einem Park, einem Naherholungsgebiet für gestresste Großstädter träumte, hätte er sich sicherlich nicht träumen lassen, dass einmal so etwas Großes, so etwas Einzigartiges, wie der *Central Park* auf Manhattan entstehen würde. Olmsted und Vaux, die beiden großen Namen, wenn es um Landschaftsarchitektur in den 1850er, 60er und 70er Jahren in New York geht – neben dem *Central Park* zeichneten sie unter anderem für den *Riverside Park*, den *Morningside Park* und andere verantwortlich – gewannen den ausgeschriebenen Wettbewerb und starteten 1858 bereits mit den Bauarbeiten. In 15 Jahren Bauzeit wurden 166 t Sprengstoff benötigt, um Teile des Granitfelsens zu sprengen, der den Untergrund des Parks bildet. Es wurden 1,9 Millionen m³ Erde bewegt, eine 1,20 m dicke Schicht Mutterboden aufgetragen, um 21.500 Bäume pflanzen zu können. Heute bietet der 341 ha große Park seinen 25 Millionen Besuchern im Jahr 93,5 km Fußwege zur Erkundung, zur Entspannung und für Freizeitaktivitäten.

Belvedere Castle © Miguel Marqueta

Eines der beliebtesten Freizeitareale ist der *Great Lawn*. Er liegt ein gutes Stück hinter dem *Met* mittig im Park und beherbergt sechs große Softball-Spielfelder, auf denen sich am Wochenende New Yorker von der East und der West Side treffen. Für ein Spiel, ein Picknick oder einfach nur einen kleinen Spaziergang. Am südlichen Ende der beliebten Grünfläche befindet sich, auf einem kleinen Hügel genannt *Vista Rock* gelegen, das *Belvedere Castle*. Calvert Vaux hatte sich diese zauberhafte, viktorianische Spielerei 1869 als Aussichtspunkt für den Park ausgedacht. Das ‚Schloss' diente ursprünglich ausschließlich dem Zweck schön auszusehen und den Besuchern des Parks durch die erhöhte Lage eine tolle Aussicht zu bieten – deshalb auch *Belvedere*, italienisch für „schöner Blick". Kurz gesagt: Es handelt sich um eine besonders attraktive Attrappe. Heute beherbergt das Schloss zusätzlich zu seiner Aussichtsfunktion noch die Wettermessung von New York City.

Vom Schloss aus geht es ein Stück zurück Richtung *Met*. Kurz vor der Unterführung zum Museum erhebt sich auf der linken Seite ein jahrtausendealter Obelisk. Jeder kennt die *L'aignille de Cleopatre* von Paris oder besser den Obelisk auf dem *Place de la Concorde*. Kaum jemand weiß, dass Ägypten damals, genauer in den 1870er Jahren, nicht nur Paris eine *Nadel der Kleopatra* schenkte, sondern auch London und New York. Die letzten beiden teilen sich ein Zwillingspaar, der Obelisk in Paris hat sein Gegenstück in Luxor. Alle drei jedoch teilen sich den Namen: Kleopatras Nadel. Die New Yorker Nadel wurde etwa im 15. Jahrhundert vor Christus vom damaligen ägyptischen Pharao Thutmosis III. in Auftrag gegeben, kam 1880 als Schenkung des Khedive von Ägypten nach New York und ist damit wahrscheinlich das älteste Stück Stein, dass sich auf amerikanischem Boden befindet.

Rechts am Obelisken vorbei geht es durch eine für den *Central Park* typische Brückenunterführung und man kommt schließlich am südlichen Ende des *Met* heraus. Diese Seite des Museums ist ebenfalls mit riesigen Glasfronten eingefasst, die einen Blick hinein, wie in ein Schmuckkästchen, ermöglichen. Die nächste Abzweigung geht rechts weiter Richtung Süden. In den warmen Monaten sieht man hier häufig Straßenverkäufer, die Kunstwerke, New York-Bilder, Cover des *New Yorker* und mehr verkaufen. Ein Blick lohnt sich, allerdings sollte man den einen oder anderen Vergleich zwischen den Händlern anstreben, damit man nicht in die Tourifalle tappt.

Von nun an immer der Nase nach direkt zur Statue von *Alice in Wonderland* und ihren Freunden aus dem 1865 erschienen Kinderbuch von Lewis Carroll. Hier versammeln sich in bronzenem Abbild Alice, das weiße Kaninchen (The March Hare), der verrückte Hutmacher (Mad Hatter), die Hasel-Maus (Dormouse) sowie die Grinse Katze (The Chechire Cat). Alle sitzen, wie sollte es anders sein, auf Pilzen. Im Mai 1959 wurde die von George Delacorte, Verleger und Philanthrop, für seine Frau Margarita und die Kinder von New York in Auftrag gegebene Skulptur im *Central Park* aufgestellt. Der Künstler José de Creeft modellierte alle Figuren nach den Originalzeichnungen von Sir John Tenniel, bis auf eine: Alice. Diese ist seiner kleinen Tochter Donna nachempfunden.

Kommt man hier im Sommer, wenn Schulferien sind, vorbei, kann es sein, dass man die Statue nicht einmal zu Gesicht bekommt. Große wie kleine Kinder lieben es, auf Alice und den anderen Figuren herum zu klettern. Es ist eines der beliebtesten Wahrzeichen im *Central Park* und daher immer überlaufen. Wer sich selbst einmal zu Alice auf den Pilz gesellen möchte, sollte es am besten früh morgens oder während der kalten Jahreszeit versuchen.

Alice in Wonderland Statue © Natalie Wichmann

Die *Alice in Wonderland* Statue steht am nördlichen Ende des *Conservatory Waters*. Einem ebenfalls von Olmsted und Vaux erdachten Bassin, das ursprünglich ein großes Gewächshaus (englisch conservatory) im Stil der Pariser Stadtgärten begleiten sollte. Als jedoch die finanziellen Mittel für das Gewächshaus ausgingen, beschränkten sich die Landschaftsarchitekten auf ein kleines Bootshaus, das *Kerbs Memorial Boathouse,* am östlichen Rand des

Bassins. Hier kann man von April bis Oktober eine Armada von kleinen, weißen Segelbooten mieten und auf dem Wasser fahren lassen. Am Wochenende stehen dort kleine Matrosen mit hochroten Köpfen und konzentrierten Mienen und segeln, was das Zeug hält. Nicht selten kann man auch jung gebliebene Seebären dabei beobachten, wie sie die Spielzeugboote zu Wasser und sich selbst schnell vom Reiz der Fahrt gefangen nehmen lassen. Wer es dagegen lieber etwas gemütlicher hätte, der setzt sich auf die zierlichen Stahlstühle des am Bootshaus angeschlossenen Kiosks und hört der Live-Band zu, die häufig vormittags am Wochenende ein kostenfreies Ständchen über die malerische Szenerie schmettert. Ein weiteres, bei Kindern sehr beliebtes Highlight am *Conservatory Water* sind die Märchenlesungen an der *Hans Christian Andersen Statue*, die in den Sommermonaten am westlichen Rand des Bassins samstags zwischen 11 und 12 Uhr stattfinden.

Conservatory Water © Natalie Wichmann

Verlässt man das *Conservatory Water* an der südwestlichen Ecke, ein Stück hinter der *Hans Christian Andersen Statue*, rechts, trifft man nach einer Weile wieder auf den East Drive. Diesem folgt man links bis zum Terrace Drive, dort rechts abgebogen gelangt man schließlich auf die obere Ebene der *Bethesda Terrace*.

Hier hat man einen herrlichen Ausblick über die untere Ebene der Terrasse, *The Lake*, das *Loeb Boathouse* und die *Bow Bridge*. Für Calvert Vaux war die *Bethesda Terrace* das architektonische Herzstück des Parks und deshalb auch das erste Bauwerk, das dort entstand. Der Bau der über zwei Ebenen reichenden Terrasse begann 1859 direkt nach Aushebung und Befüllung von *The Lake*, an den sie im Südosten angrenzt, und wurde 1863 fertig gestellt. In der Mitte der unteren Terrasse befindet sich ein Brunnen, die *Bethesda Fountain*, aus dem der *Angel of Waters* emporsteigt. Jacob Wrey Mould gestaltete, nach dem von Olmsted und Vaux deklarierten ‚Nature first'-Konzept, den Brunnen. Es lassen sich deshalb sowohl Schmuckelemente finden, die Tag und Nacht symbolisieren, als auch Verzierungen, die die im Park vorkommenden Vogelarten und Pflanzen abbilden. Der *Angel of Waters* ist eine ganz besondere Statue für die Frauen von New York: Modelliert hat ihn nämlich ebenfalls eine Frau, Emma Stebbins. Sie war die erste weibliche Bildhauerin, der es erlaubt wurde, eine öffentliche Statue in New York aufzustellen.

Den Übergang zwischen unterer Terrasse und der angeschlossenen Allee *The Mall* bildet eine Unterführung, die ebenfalls von Mould gestaltet wurde. Der Arkadengang ist vor allem für seine viktorianischen Deckenfliesen berühmt, die besonders im ausgehenden Abendlicht ihre einzigartige Schönheit entfalten. Nicht selten hört man hier klassische Musik – Geige, Klavier, Operngesang – die melancholisch schön von den Wänden widerhallt und den Besucher zum Verweilen einlädt. Immer mal wieder inspiriert sie auch das eine oder andere kleine Kind zu einem selbstverlorenen Tanz.

Unterführung der Bethesda Terrace © Miguel Marqueta

Von der unteren Terrasse eröffnet sich ein grandioser Blick über den weitläufigen See, *The Lake*, auf dem von Anfang an das Rudern bei den New Yorkern sehr beliebt war. Bereits 1874 reagierte Vaux auf diesen Trend und ließ ein stattliches, formelles Bootshaus im viktorianischen Stil erbauen. Über die nächsten 80 Jahre verfiel das Haus und wurde 1954 durch das heutige *Boathouse Loeb* ersetzt. Hier können immer noch Boote, aber auch Fahrräder und sogar eine italienische Gondel – inklusive Gondoliere – angemietet werden. Wer kein Freund von körperlicher Betätigung ist, kann auch ganz vornehm auf der klassisch weißen Holzveranda rund um das Haus essen, einen Kaffee trinken oder einfach den Blick über den See schweifen lassen. Dieses Vergnügen gönnten sich schon Carrie und Mr. Big (*Sex and the City*), sie landeten allerdings nach einigen Schwierigkeiten mitten im See. Sally und ihre Freundinnen (*Harry und Sally*) trafen sich hier zu Klatsch und Tratsch und in jüngster Filmgeschichte plante hier Jane mit ihrem Boss George die Hochzeitsvorbereitungen ihrer Schwester (*27 Dresses*). Im See tummeln sich neben den vielen

Touribooten auch jede Menge Schildkröten. Setzt man sich an den Rand der *Bethesda Terrace* und blickt ein paar Minuten über das grün schimmernde Wasser, sieht man sicherlich die eine oder andere nach Luft schnappen.

Blick über die Bethesda Terrace © Miguel Marqueta

Am Ufer des Sees führt der Weg links entlang zur *Bow Bridge*. Die 26 m lange, gusseiserne Brücke verbindet den *Cherry Hill* mit dem wildwüchsigen Bereich des *Central Park*, dem *Ramble*. Jede Brücke im Park ist ein Unikat und die *Bow Bridge* ist vielleicht die schönste von ihnen. In jedem Fall ist sie aber die längste des Parks und die zweitälteste der Vereinigten Staaten. Ihren Namen erhielt sie vom sanft geschwungenen Bogen einer Violine, nach dessen Vorbild Mould und Vaux sie erdacht haben. 1862 fertiggestellt, boten ihre hölzernen Planken schon oft die perfekte, romantische Szenerie für den klassischen Liebesfilm. Das haben auch Frisch-Vermählte und Verlobte bereits für sich entdeckt: Das in den Staaten so wichtige Engagement (Verlobungs-) Foto wird häufig hier aufgenommen.

Weiter am Ufer des Sees entlang führt der Weg schließlich hinauf auf den *Cherry Hill* zu einem rund angelegten Aussichtspunkt über den See, sehr beliebt bei *Central Park*-Touren via Kutsche oder Rikscha. Dort links einbiegen und direkt wieder rechts gehen Richtung *The Mall*. Am besten geht man nicht direkt über die obere Ebene der *Bethesda Terrace*, sondern bereits ein Stück vorher rechts hinein. An der Schiller-Statue in die Allee eingebogen, umgeht man das Chaos, das häufig am Eingang von *The Mall* durch die Akrobaten erzeugt wird. Laute Musik, eine wogende Menschenmenge und halbnackte Männer mit wild wedelnden Armen und dem Hang dazu Umstehende in das Spektakel zu verwickeln, sind ein sicheres Zeichen, dass man die falsche Abzweigung erwischt hat.

Bow Bridge und der Great Lake © Natalie Wichmann

The Mall ist der einzige schnurgerade verlaufende Weg des *Central Parks*. Die Allee, inspiriert von den Baumgängen in *Versailles*, startet auf Höhe der East 66th und geht bis zur 72nd Street und war als Tummelplatz der oberen Zehntausend von Olmsted und Vaux angedacht. Hier sollten die reichen Herrschaften in bester Sonntagskleidung flanieren können, von ihren Kutschen an der East 66th herausgelassen und dann auf der *Bethesda Terrace* wieder eingesammelt.

Heute gilt hier immer noch sehen und gesehen werden. Von den über 300 Filmen, die bereits in New York gedreht wurden, ist *The Mall* der wohl am häufigsten genutzte Drehort. Kaum ein Tag vergeht, an dem sich nicht Trailer über Trailer auf dem Terrace Drive aneinanderreihen, Licht und Tonequipment großflächig verteilt werden und der ein oder andere bekannte Schauspieler über abgesperrte, menschenleere Bereiche der Allee spaziert. Abgesperrt deshalb, weil es hier immer, wirklich immer voll ist. Ob Frühling, Sommer, Herbst oder Winter, *The Mall* ist beliebt wie eh und je.

Von der *Bethesda Terrace* im Norden läuft man weiter bis zum sogenannten *Literary Walk* –auf Deutsch: der literarische Weg – im Süden der *Mall*. Hier versammeln sich in einer Art Fußgänger-Kreisverkehr diverse Statuen von Schriftstellern, darunter auch die von William Shakespeare. Eine jedoch fällt aus dem Rahmen, die von Christoph Kolumbus. Diese wird, da Kolumbus eben kein Schriftsteller war und damit etwas fehl am Platze ist, auch als der ‚odd man out' bezeichnet. Oft trifft man am *Literary Walk* auf den ‚Bubbleman', der riesige Seifenblasen macht. Im Sommer häufig verfolgt von kleinen Kindern, die es entweder selbst einmal versuchen wollen oder nur ein erklärtes Ziel haben: Die in allen Farben des Regenbogens schillernden Blasen zum Zerplatzen zu bringen.

The Mall © Miguel Marqueta

Verlässt man den *Literary Walk* bei Christoph Kolumbus und überquert den Center Drive, dann kommt man zurück zum East Drive. Einfach parallel dazu auf dem kleinen Schotterweg laufen – am *Dairy Visitor Center and Gift Shop*, der erstaunliche Ähnlichkeit mit einem kleinen, bunten Hexenhaus hat, vorbei – und man findet, versteckt hinter Sträuchern und Zweigen einen der atemberaubendsten Ausblicke aller Zeiten: Auf einem vorragenden Felsen, der über dem *Victorian Gardens Amusement Park* thront, wachsen wie aus dem Nichts die Hochhäuser von Midtown aus dem Boden. Das *CNN* Gebäude, das *Essex House*, der rautenförmige Glasbau des *Hearst Tower* sowie die voll verglasten Zwillingstürme des *Time Warner Centers*, auf denen sich sonnenuntergangsrot wie bilderbuchblau das Wetter spiegelt. Hier lassen sich New Yorker und Touristen aller Art nieder. Sie kommen zum Arbeiten, zum Ausspannen, zum Fotografieren oder zum Seele baumeln lassen. Nirgendwo ist man so nah dran an der Skyline von Midtown und trotzdem so weit weg vom Trubel der Straßen. Im Sommer bietet der *Victorian Gardens Amusement Park* eine bunte Kirmes, im Winter findet an derselben Stelle eine riesige Eislaufbahn ihren Platz. Von oben ist beides schön anzusehen. Vor allem wenn im Zwielicht nach und nach die Lichter in den Wolkenkratzern angeschaltet werden und die Szenerie schnell in magisches Licht tauchen.

Blick über die Midtown Skyline © Miguel Marqueta

Kann man sich schließlich losreißen, geht es weiter auf dem Schotterweg Richtung Ausgang des *Central Park*. Auf dem Weg dorthin kommt man am spätestens seit dem Film *Madagascar* berühmten *Central Park Zoo* vorbei. Stellt man sich auf die Zehenspitzen, kann man den einen oder anderen Blick auf Löwe, Zebra und Co. erhaschen.

An der East 59th Street ist dann Schluss mit Bäumen und Schotterwegen, man landet direkt an der *Grand Army Plaza*. Von hier an ist die 5th Avenue nicht mehr die beschauliche Parkstraße, ganz im Gegenteil wird sie hier zu einer DER Einkaufsstraßen der Welt. Den Platz umringen New Yorker Klassiker wie das *Plaza Hotel*, der Apple Store und das Nobelkaufhaus *Bergdorf & Goodman*. Hier fangen Rummel und Reichtum erst richtig an. Für heute jedoch soll es genug sein. Besser man gönnt sich einen Absacker oder ein Stück Kuchen im *Payard* in der *Plaza Food Hall* im Untergeschoss des Luxushotels. Hier backt und kocht Francois Payard die feinsten Kuchen, Macarons und vieles

mehr. Wer mehr Lust auf etwas Herzhaftes hat, wird hier ebenfalls nicht enttäuscht. Auf diese Weise kann man auch als Nicht-Rockefeller einen Blick in
eines der luxuriösesten Etablissements von New York City riskieren. Es lohnt
sich!

Grand Army Plaza © Miguel Marqueta

Highlights im *Central Park*

1) Jackie Kennedy Onassis Reservoir

2) Great Lawn

3) Belvedere Castle

4) Cleopatra's Needle

5) Metropolitan Museum of Art

1000 5th Avenue, New York, NY

Website: www.metmuseum.org

6) Alice in Wonderland Statue

7) Conservatory Water

8) Bethesda Terrace

9) Boathouse Loeb

East 72nd Street, New York, NY

Website: www.thecentralparkboathouse.com

10) Bow Bridge

11) Cherry Hill

12) The Mall

13) Literary Walk

14) Midtown Skyline

15) Grand Army Plaza

16) The Plaza Hotel

768 5th Avenue, New York, NY

Website: www.theplazany.com

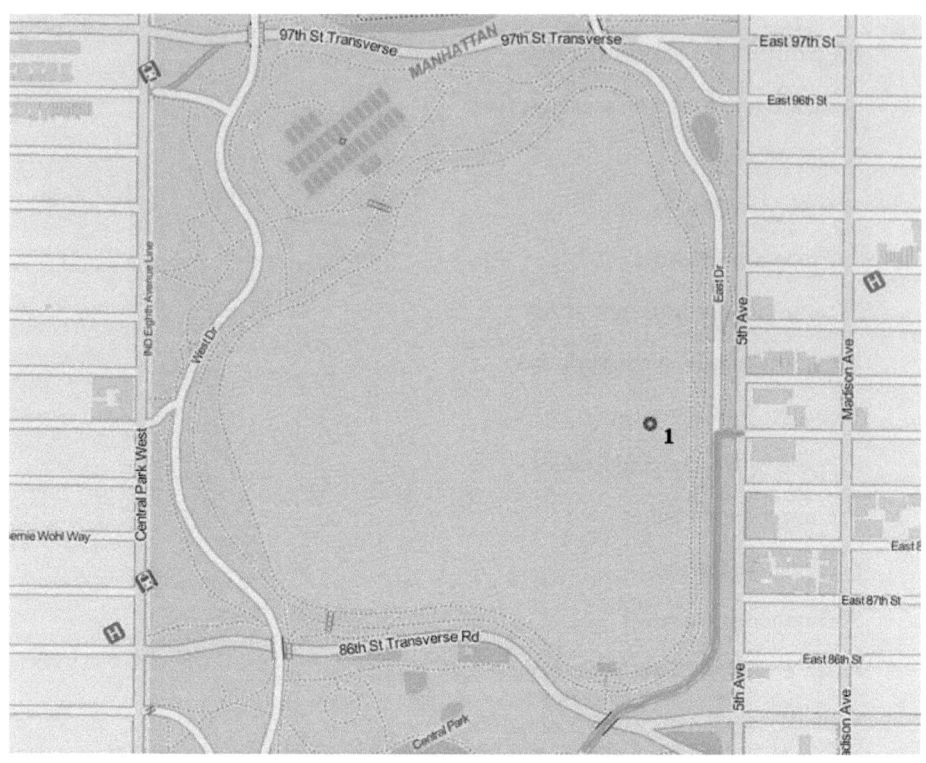

Central Park 1 © OpenStreetMap.org contributors

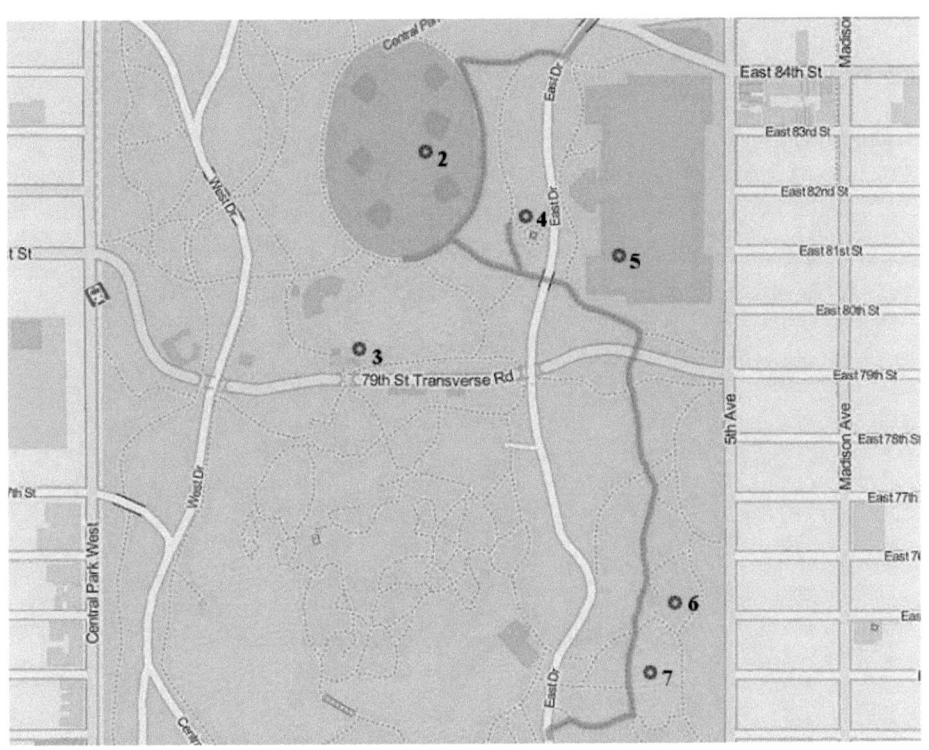

Central Park 2 © OpenStreetMap.org contributors

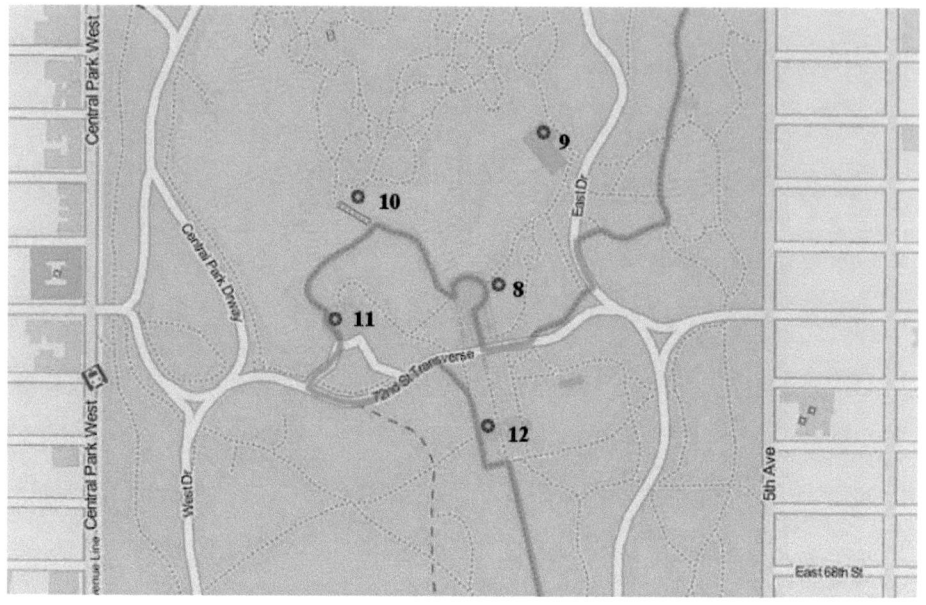

Central Park 3 © OpenStreetMap.org contributors

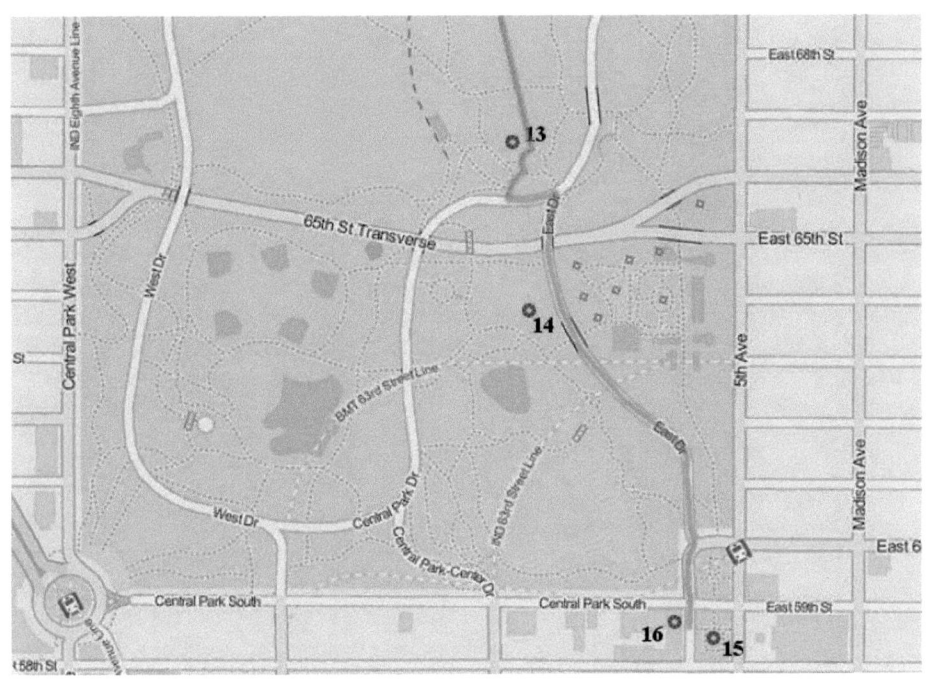

Central Park 4 © OpenStreetMap.org contributors

Harlem & Morningside Heights

Make your mark in New York and you are a made man. - **Mark Twain**

Harlem Meer mit Blick gen *Harlem* © Miguel Marqueta

Ob in strahlender Blüte, frostiger Einsamkeit, rot-bunter Pracht oder brütender Hitze, der *Conservatory Garden* ist immer, ja wirklich immer einen Besuch wert. Das Tor zu diesem ganz speziellen, „geheimen" Garten ist kaum zu übersehen: Zwischen der East 104th und 105th Street an der 5th Avenue markiert das *Vanderbilt Tor* den Haupteingang des Parks. Das mächtige, in Paris gegossene Eisentor zierte früher einmal den Eingang zum Anwesen von Cornelius Vanderbilt II. an der *Grand Army Plaza*, direkt neben dem historischen *Plaza Hotel*.

Der *Conservatory Garden* ist der einzige formelle Garten, der im *Central Park* angelegt wurde. Bis 1934 stand hier noch ein großes Gewächshaus, das der

Grünanlage auch ihren Namen gab. Erst 1937 wurde der von Gilmore D. Clark und – nomen est omen – M. Betty Sprout designte Park eröffnet. Besonderer Clou des Gartens ist die Teilung in drei verschiedene Stile und damit eigentlich in drei verschiedene Gärten: Der mittlere Bereich ist italienisch, der südliche englisch und der nördliche französisch angelegt. Der Haupteingang führt in den italienischen Bereich. Er ist besonders beliebt für klassische Hochzeitsfotos. Mit seiner zentralen Rasenfläche, die rechts und links durch Kirschbaumbogengänge eingefasst wird und am Ende mit einer Fontäne und einer hoch angelegten, halbrunden Pergola aufwarten kann, bietet sie den idealen Hintergrund für Gruppen- und Einzelbilder des glücklichen Paares. Samstags im Sommer ist das Hochzeitsbilder machen ohne Genehmigung erlaubt, ansonsten muss man allerdings bei der Stadt anfragen.

Conservatory Garden englischer Teil © Miguel Marqueta

Vom italienischen Garten kommend, öffnet sich südlich davon mit einem Mal eine zauberhaft wild-blumige Welt. Um den *Secret Garden Water Lily Pool*, der in Erinnerung an Frances Hodgson Burnett, Autor von *Der geheime Garten,* angelegt wurde, reiht sich in weiten Kreisen Blumenbeet an Blumenbeet. Damit das Ganze nicht zu chaotisch wird, bringen ebenfalls rund angelegte Hecken Ruhe in das farblich wogende Bild. Direkt am Pool steht ein breit gewachsener, knorriger Hartriegel, der im Sommer Schatten spendet und zum Verweilen einlädt. Hier sitzt der eine oder andere Künstler in kontemplativer Malerei versunken, hier gehen heiratswillige Männer auf die Knie. Es ist einfach zu berückend schön, um nicht in romantische Stimmung zu verfallen.

Der französische Garten im Norden hat ebenfalls ein Zentrum: Einen Brunnen mit der Skulptur der *Three Dancing Maidens,* der drei tanzenden Mägde. Anders als im englischen Bereich, ist dieser Teil des Gartens konservativ, ja fast streng. Die Hecken sind höher und werden von vier stattlichen Rosentoren unterbrochen. Zweimal im Jahr explodieren die Blumenbeete im inneren Bereich förmlich: Im Frühjahr mit hunderten von Tulpen, im Herbst mit mindestens genauso vielen koreanischen Chrysanthemen.

Conservatory Garden französischer Teil © Miguel Marqueta

Verlässt man den *Conservatory Garden* im Norden, trifft man direkt auf das *Harlem Meer*. Ein 45.000 m² großer Teich, der von den ersten holländischen Siedlern in *Harlem* als *Meer,* das niederländische Wort für See, bezeichnet wurde. Er markiert das nördliche Ende des *Central Park* und den Beginn von *Harlem*. Entworfen wurde der See ebenfalls von den Landschaftsarchitekten des *Central Parks* Frederick L. Olmsted und Calvert Vaux. Das viktorianisch inspirierte, hölzerne Besuchszentrum am nördlichen Ende des Sees jedoch ist ein Nachbau, der in den 80er Jahren im Sinne der Planer nachträglich der Szenerie hinzugefügt wurde. Direkt neben dem Besuchszentrum findet von Mitte Juni bis Anfang September das *Harlem Performance Festival* statt. Jeden Sonntagnachmittag von 14.00 bis 16.00 Uhr sieht man hier die Familien von Harlem auf bunten Decken Picknicks veranstalten und die Live-Musik von Jazz über Soul bis Blues genießen. Eintritt frei! Das *Harlem Meer* bietet den Anwohnern des Viertels Naherholung nur wenige Schritte von ihrer eigenen Haustür entfernt. Hier können Kinder ohne Gefahr toben und die Natur für sich entdecken. In einer Stadt wie New York, die nur wenige Privatgärten – erst recht nicht in *Harlem* – hat, ein echter Luxus!

Besonders idyllisch spaziert man vom *Conservatory Garden* westlich um den See herum, so hat man auch den besten Blick auf das historisch inspirierte Besuchszentrum, eingerahmt von Trauerweiden, die ihre Äste ins Wasser des Sees dippen. Am *Lasker Rink and Pool*, einem öffentlichen Schwimmbecken, das im Sommer als Freibad und im Winter als Eisbahn genutzt wird, wendet man sich weiter nach Norden und trifft schließlich auf die West 110th Street, auch Central Park North genannt, der man Richtung Westen bis zum Kreisverkehr folgt.

Blick über das *Harlem Meer* vom nördlichen Ausgang des *Conservatory Garden* © Miguel Marqueta

Von dort geht es weiter in den Norden, einfach den Frederick Douglass Boulevard hoch. Spätestens jetzt befindet man sich mitten in *Harlem*. Schnell wird deutlich, dass sich das Viertel im Wandel befindet. Zwischen all die kleinen, etwas schäbigen Shops und Delis – kleine Supermärkte – mischen sich immer mehr extravagante Restaurants, Bars und Boutiquen, wie man sie auch Downtown findet. Da wäre zum Beispiel die *Vinateria* auf Höhe der West 119th Street, ein schickes Weinlokal, das einen Besuch wert ist oder *Harlem Underground Clothing*, ein origineller Klamottenladen, sowie *Harlem Flo*, eine exotische Blumenboutique, die durchaus auch in die *Upper East Side* gepasst hätte.

Es fällt auf, dass sich immer mehr europäisch anmutende Gesichter zwischen die afroamerikanische Bevölkerung, die bis in die 80er Jahre *Harlem* belebte, mischen. Die Mieten in Manhattan steigen kontinuierlich, deshalb wandern immer mehr Menschen aller Nationalitäten in die Randbereiche und damit auch nach *Harlem* ab. Auf dem Spaziergang den Boulevard hoch stellt man trotzdem fest, das hier einiges anders ist als in Downtown: Die Bürgersteige sind breiter, man hat mehr Platz. Die Häuser sind kleiner, mehr als fünf Stockwerke gibt es selten. Außerdem sind viele der Gebäude noch unrenovierte Altbauten, hier wird wenig neu hochgezogen. Die Straßen sind definitiv nicht so belebt wie die 5th Avenue. Das jedoch ändert sich, sobald man an der West 125th Street bzw. dem Dr. Martin Luther King Boulevard ankommt. Hier herrscht das pralle Leben. Zwischen *Davids Deals*, *Red Lobster*, einem *GAP* Lagerverkauf, jeder Menge Baptist Churches (baptistische Kirchen) und Fast-Food-Ketten pulsiert *Harlem*. Die Menschen sind in Jogginghosen mit Ziehwägelchen unterwegs und an der Ampel kann man schon mal von einem zahnlosen Zettelchenverteiler in ein Gespräch über Second Hand-Fotokameras verwickelt werden. Die Leute sind extrovertiert, viel Kontakt ist daher völlig normal.

Apollo Theater © Miguel Marqueta

Mitten drin steht das legendäre *Apollo Theater*. Seit 1934 heißt es so und seitdem ist es als eines der ersten amerikanischen Theater auch für dunkelhäutige Sänger und Sängerinnen geöffnet. Umso bekannter sind die Musiker, die hier ihre Karriere starteten. Dazu gehören die ganz Großen wie Ella Fitzgerald, Billie Holiday oder James Brown. Dank der *Amateur Nights*, bei denen junge Talente beweisen konnten, was sie drauf hatten, boomte das Leben im *Apollo*. Schnell wurde es eine Erfolgsschmiede, vor allem für afroamerikanische Künstler. Ella und Billie in den 30ern, Sammy Davis Jr. in den 40ern, James

39

Brown, Miles Davis, John Coltrane und Josephine Baker in den 50ern. Nichts aber toppte das *Apollo* in den 60er Jahren, es war der ,Place to be', der Ort an dem sie alle sein wollten: Jimi Hendrix gewann in jenem glorreichen Jahrzehnt eine der *Amateur Nights* und wurde damit über die Grenzen von New York City hinaus bekannt. James Brown machte erste Live-Aufnahmen und nicht nur Marvin Gaye, sondern auch die *Supremes*, die *Temptations* und Stevie Wonder gaben ihr musikalisches Debüt. Die *Blues Nights* machten B.B. King bekannt und Bill Cosby hatte seinen ersten Stand-Up-Auftritt.

Mitte der 70er war dann für kurze Zeit erst mal Schluss, die Besucher blieben aus und das Theater konnte einfach nicht an die Wahnsinns-Erfolge der 60er anknüpfen. Unter neuem Management wurde jedoch schnell wiedereröffnet und das *Apollo* fand zurück in das Herz von *Harlem*, so gleißend wie es jedoch ein Jahrzehnt zuvor geschienen hatte, schien es nie wieder. Heute kann man immer noch Shows im *Apollo* besuchen, es ist das älteste noch laufende Theater in *Harlem* und wurde in den 80ern bereits zum historischen Kulturgut erklärt. Augenblicklich laufen Bemühungen, ein Archiv-Projekt auf die Beine zu stellen, das die Materialien zur Geschichte des *Apollo* sammelt und sichert. Da sollten einige äußerst interessante Entdeckungen zu machen sein, besitzt das Theater doch bisher nie gesehene und gehörte Video- und Tonaufnahmen von beinahe allen Konzerten.

Vom *Apollo* geht es weiter den Dr. Martin Luther King Boulevard entlang, der schließlich zur West 125th Street wird, hinauf bis zum Broadway. Unter der massiven, dunkelgrünen Eisenbahnbrücke hindurch – hier verläuft die U-Bahn oberirdisch – kann man in der Ferne schon den *Hudson River* sehen. Geht man den Broadway runter Richtung Süden, findet sich auf der rechten Seite eine der besten Brunch-Locations in ganz *Harlem*: das *Toast*. Ganz im Stil eines typisch amerikanischen Diners gibt es dort die dunkle Fliesendecke, eine offene Backsteinwand und eine passende Leuchtreklame für Bier. Der Boss und die *Beach Boys* schallen aus den Boxen und der Kaffee fließt in Strömen bis man Stopp sagt. Die Portionen sind reichlich, die Bedienung sehr nett, der Preis stimmt und das Beste – und das ist nicht immer eine Selbstverständlichkeit in den Restaurants von NYC – es schmeckt hervorragend.

Frisch gestärkt geht es jetzt den Berg hoch, hier beginnt *Morningside Heights*: Einfach ein Stück zurück auf dem Broadway und dann den Tiemann Place hinauf zum *Riverside Drive*. Läuft man diesen ein Stück hinunter, trifft man schnell auf den kleinen, aber feinen *Sakura Park*. Seit einer Schenkung von 2500 japanischen Kirschbäumen seitens des *Committee of Japanese Residents of New York* 1912, heißt die zuerst als *Claermont Park* angelegte Grünfläche nun *Sakura*, japanisch für Kirschblüte, *Park*. Ein Großteil der japanischen Kirschen wurde natürlich hier gepflanzt. Im Frühling zieren Tausende blassrosafarbene Blüten die zarten Bäume und locken die japanischen Bewohner von New York zum *Hanami* – dem in ihrer Heimat feierlich zelebrierten Kirschblütenfest.

1960 kam ein weiteres traditionelles Artefakt in den Garten: Zur Städtepartnerschaft von Tokio und New York schenkte die japanische Hauptstadt dem *Sakura Park* eine *Toro*, eine Steinlaterne. Bei der offiziellen Einweihungszeremonie war der damalige Kronprinz und heutige Tennō (Kaiser) Akihito zugegen. All diese altehrwürdigen, japanischen Bestandteile des Parks, das Zen, das von ihnen ausgeht, spürt man. Es ist ruhig und friedlich, ein ausgezeichneter Ort zum Lesen und Nachdenken.

Sakura Park mit Blick auf die *Riverside Church* © Miguel Marqueta

Die japanischen Kirschbäume rahmen den Blick auf die majestätisch hinter dem *Sakura Park* aufragende *Riverside Church*. 1927 erdachten Harry Emerson Fosdick, damaliger Pfarrer der bis dato weiter im Süden residierenden *Riverside Church*, und John D. Rockefeller die einmalige Kathedrale. Ihr Bau sollte nur drei Jahre dauern, 1930 wurde dort bereits der erste Gottesdienst abgehalten. Der architektonische Entwurf der Kirche stammt von der Architekturfirma *Allen, Pelton and Collens*, die im Auftrag von Rockefeller nach Frankreich und Spanien reisten, um sich von den Kirchen des alten Europa inspirieren zu lassen. Und das taten sie: In der *Kathedrale von Chartres* und der *Kathedrale von Laon*, beide französisch und aus dem 13. Jahrhundert, fanden sie die geeigneten gotischen Vorbilder für den geplanten Prachtbau in *Morningside Heights*. Mit ihrem 119 m hohen Grundgerüst ist die *Riverside Church* die höchste Kirche der USA. Im Mittelschiff finden 2.100 Menschen Platz und das Glockenspiel, das Rockefeller im Gedenken an seine Mutter

Laura Spelman Rockefeller stiftete, ist mit seinen 74 bronzenen Glocken das größte der Welt.

Riverside Church © Miguel Marqueta

Nicht nur der imposante Bau hat Geschichte gemacht, auch die Offenheit der Kirche für weltliche und politische Probleme sowie soziale Gerechtigkeit und der Kampf gegen Rassismus sind beeindruckend. Das versinnbildlicht sich bereits in den Figuren über dem Haupttor: Dort befinden sich nicht nur

Abbildungen von Heiligen, Christus und Maria, sondern auch von führenden Denkern aus Philosophie und den Naturwissenschaften. Kosmopolitische Staatsmänner und berühmte Redner durften schon immer neben den kirchlichen Vorstehern von der Kanzel predigen. So hat 1967 Martin Luther King Jr. seine *Beyond Vietnam*-Rede hier gehalten, außerdem standen bereits Bill Clinton, Kofi Annan, Desmond Tutu, Fidel Castro, Nelson Mandela und Dietrich Bonhoeffer hier vor den Besuchern der Kirche. Passend dazu ist die *Riverside Church* interkonfessionell angelegt und hat ein eigenes Amt für Homo- Trans- und Bisexuelle, genannt *Maranatha*. Das organisiert LGBT (Lesbian, Gay, Bisexual, Transsexual)-Frühstücke, ein Transgenderforum, eine Gruppe für LGBT-Senioren und seit 1978 laufen sie bei der *Pride Parade* von NYC mit.

Das alles ist schon sehr beeindruckend, doch nichts geht über den Moment, wenn man zum ersten Mal das mächtige, Ehrfurcht gebietende Kirchenschiff betritt. Die Ruhe, die hoch aufragenden dunkelblau und tiefrot dominierten Glasfenster, der ansonsten recht schmucklose Sandstein, die mahagonifarbenen Holzbänke mit eingelassenen, ehernen Reihennummern, die hinreißenden Kronleuchter, die warmes Licht verbreiten. Automatisch hält man die Luft an, um die Ruhe dieses Ortes nicht zu stören. Man fühlt sich fast nach *Notre Dame de Paris* versetzt – nur ohne die nervigen Flatscreens. Mit der Ruhe und Stille ist es allerdings sofort vorbei, wenn man in den unteren Bereich der Kirche vordringt. Auf der Suche nach der versprochenen Bibliothek, trifft man hier auf ein quirliges, soziales Zentrum. Alte und junge Menschen kommen zusammen, um zu essen, sich auszutauschen oder die Freizeitangebote der Kirche zu nutzen. Ruhig und lebhaft zugleich, gerade diese Bipolarität macht die besondere Schönheit dieses Ortes aus.

Die *Riverside Church* sonnt sich im Glanz des alten Europas, den *Morningside Heights* ausstrahlt. Sie liegt direkt am *Riverside Park*. Ein weiterer Grünbereich, dessen Konzept und Bau mit den Namen F. L. Olmsted und C. Vaux verbunden ist. Gemeinsam mit Samuel Parsons ließen sie von 1875 bis 1910 sowohl den *Riverside Park,* als auch den dazugehörigen *Riverside Drive* von der West 72nd bis zur 125th Street entlang des *Hudson River* anlegen. Der Park bietet diverse Freizeitmöglichkeiten wie Tennis, Basketball, Volleyball spielen oder Skateboard fahren. An der West 79th Street gibt es einen Yachthafen und an der West 148th die Möglichkeit Kajak zu fahren. Auf Höhe der *Riverside Church* hat der Park noch richtige Ähnlichkeit mit einem kleinen Wäldchen: Hohe, dicht stehende Bäume spenden Schatten beim Spazierengehen, kleine Waldwege erleichtern das auf und ab zwischen Straßenebene und Park. Hier kann man sich ganz fern von der Großstadt fühlen und an der Ruhe erfreuen. Manch einer sitzt auf einer der Bänke und liest ein Buch oder schaut einfach in die Ferne über den *Hudson.* Naherholung pur! Diese positiven Eigenschaften nutzte schon Edgar Allen Poe aus, er machte es sich gerne auf Höhe der West 83rd Street auf einem Hügel namens *Mount Tom* gemütlich, das war allerdings lange bevor der Park angelegt wurde.

Promenade am *Hudson River* © Miguel Marqueta

Wer sich noch an die finale Szene aus Tom Hanks' und Meg Ryans Filmhit *E-Mail für dich* erinnert, der sollte die Promenade am Rande des Parks an der West 91st Street entlang schlendern: Dort trafen sich die beiden nämlich für die alles entscheidende Schlussszene. Der Ort bot sich an, da Filmfigur Joe Fox 152 *Riverside Drive* wohnte. Wie übrigens auch eine Figur der heutigen Serienwelt: Freddy Rumsen, Werbetexter aus *Mad Men*. Und wer kann es ihnen verdenken, der *Riverside Drive* mit seinen gut erhaltenen, meist dreistöckigen Altbauten, die direkt auf den Park hinaus blicken, ist eine der beliebtesten Wohngegenden von New York City. Hier leben vor allem gut situierte Familien, die ihren Kindern ein Leben im Grünen ermöglichen wollen. Hier ist der Big Apple eher so etwas wie eine nette, aparte Nachbarschaft: Individueller als im schicken Downtown, entspannter als an der *East Side*, ruhiger als in Midtown. Kinder können auf dem Bürgersteig Dreirad fahren, ohne dass man Angst haben muss, dass sie überfahren oder von wütenden Fußgängern vom Vehikel gekippt werden. Die Nähe zum *Hudson River* und dem stadteigenen Yachthafen auf Höhe der West 79th Street, macht einige Klassiker wie das Feuerwerk vom *4th of July* zu einem Erlebnis für Groß und Klein. Manchmal ist es auch einfach schön, sich ans Wasser zu stellen, die Nase in den Wind zu halten und das Urlaubsgefühl, das unweigerlich aufkommt, zu genießen.

Apartmenthaus der *Columbia University* © Miguel Marqueta

Besonders nett und entspannt ist es, immer mal wieder zwischen *Riverside Drive* und *Park* hin und her zu schlendern und sich so langsam der West 116th Street zu nähern. Bereits auf dem Weg dorthin fallen einem Gebäude mit seltsamen Namen wie *Oxford Hall* oder *Colosseum* auf. Biegt man schließlich in die West 116th Street ein, versteht man relativ schnell wozu die Häuser gehören: Vom Broadway bis zur Amsterdam Avenue, von der West 114th bis zur 120th Street, erstreckt sich der Campus der *Columbia University.* Der Eingang vom Broadway aus ist gesäumt von einer kleinen Baumallee, die einen auf dem so genannten *College Walk* schnell ins Herz der Universität bringt. Mit der *Low Memorial Library* zur Linken und der *Butler Library,* in der sich der Hauptbuchbestand der berühmten Akademie mit über 11 Millionen Büchern befindet, zur Rechten erhebt sich der Campus, ein architektonisches Gesamtkunstwerk von *McKim, Mead and White.* Die *Columbia* ist nicht nur eine der ältesten Universitäten der USA – sie ist die fünft-älteste des Landes und eine der neun, die bereits vor der amerikanischen Staatsgründung existiert haben – sie ist auch eine der besten: Sie ist Mitglied der *Ivy League,* einer Elitevereinigung, in der außer der *Columbia* noch die *Brown,* die *Cornell, Yale, Harvard, Princeton, Dartmouth* und die *University of Pennsylvania* Mitglied sind. Jährlich wird hier der *Pulitzer Preis* vergeben; 123 Absolventen der *Columbia* haben bereits einen erhalten. Über 100 Nobelpreisträger besitzen einen Abschluss von der renommierten Alma Mater, haben an dieser unterrichtet oder gearbeitet. Neun Richter am *United States Supreme Court,* 20 noch lebende Milliardäre, 26 Oscar-Gewinner und 30 Staatsoberhäupter sowie vier amerikanische Präsidenten (darunter auch Barack Obama) konnten und können sich einen Abschluss von der *Columbia University* an die Wände ihrer Büros nageln. Einer, Robert Livingston, war sogar an der Gründung der Vereinigten Staaten von Amerika beteiligt, er war unter den fünf, die die *Declaration of Independence* verfassten.

Columbia University © Natalie Wichmann

Gegründet wurde die Uni bereits 1754 als *King's College* auf Dekret des englischen Königs hin. Nach der amerikanischen Revolution emanzipierte sich auch die Uni, seit 1787 ist sie in Privatbesitz von Treuhändern. 1897 zog der Campus an seinen jetzigen Standort um, wo sich Seth Lows, damaliger Präsident der *Columbia*, seine Vision eines akademischen Dorfes umsetzen ließ. McKim und Partner bezogen ihre Inspiration für den Bau von der *Agora* der Athener und legten den Campus im klassisch romanischen Stil um das Zentrum der *Low Memorial Library* an. Heute befinden sich in dieser Bibliothek keine Bücher mehr, sondern das *Visitor Center*, das Besuchszentrum der Universität. Von dort startet auch die kostenfreie Führung, Montag bis Freitag täglich um 13.00 Uhr. Für alle, die gerne einmal in die imposanten Gebäude hineingehen wollen, ist dies die einzige Möglichkeit, da der Zugang nur mit einer gültigen *Columbia ID* gewährt wird.

Aufgang zur *Low Memorial Library* der *Columbia University* © Natalie Wichmann

Auf dem Universitätsgelände wuselt es nur so von solchen Karteninhabern oder auch Studenten, die von ihren Schlafsälen in die nächste Vorlesung wollen. Allein auf dem Campus gibt es zwei Dutzend Studentenwohnheime – um das Gelände herum befinden sich 7.800 weitere Appartements – die zum Teil durch Jahrhunderte alte Tunnelsysteme mit diesem verbunden sind. Einige davon sind öffentlich zugänglich, andere jedoch ausschließlich den Studenten vorbehalten. Das universitäre Leben an der *Columbia* ist anders als in Europa: Die Studenten leben, schlafen, essen und lernen in ihrem eigenen kleinen Mini-Kosmos. Hier einen Studienplatz zu ergattern, ist wie ein Sechser im Lotto. Und man spürt die Elite zwischen diesen alten Mauern, man spürt, dass hier Großes geleistet wurde und werden kann. Die kopfsteingepflasterten Wege zwischen den perfekt manikürten Rasenflächen führen zu Ruhm und Ehre. Zu tollen Jobs und Reichtum. Wer hätte nicht gerne an so einem geschichtsträchtigen Ort Wissen aufgesogen wie ein trockener Schwamm?!

Verlässt man den Campus schließlich durch den Eingang an der Amsterdam Avenue und schlendert weiter Richtung Osten, trifft man auf die *Carl Schurz Statue* und den *Morningside Park*. Carl Schurz, deutscher Einwanderer, Revolutionär und der erste Deutsche, der in den US-Senat gewählt wurde, thront hoch oben über dem Park. Von hier hat man eine erstklassige Sicht über Harlem. Die lange, schmale Grünfläche, ebenfalls von Olmsted und Vaux konzipiert, verläuft von der West 110th bis 123rd Street sowie zwischen dem Morningside Drive und der Morningside Avenue und fungiert als natürliche Grenze zwischen *Morningside Heights* und *Harlem*. 1873 bereits designt, musste die Anlage des Parks aufgrund der amerikanischen Revolution verschoben werden.

Um von der Statue in den Park zu gelangen, müssen sich Besucher die massige Steintreppe herunter wagen, – der 12 ha große Park ist auf der westlichen Seite komplett von einer hohen Steinmauer eingefasst – die den Abstand zum Straßenlevel des Morningside Drives ausgleicht. Seit den 80er Jahren wird der Park von studentischen Freiwilligen der *Columbia University* in Stand gehalten. Er bietet den Studenten viele Freizeitmöglichkeiten, man kann joggen gehen, auf einem der Plätze Basketball spielen oder einfach einen Frühlingsspaziergang machen. Besonders schön ist es, den Blick im Abendrot hoch zur *Cathedral of St John the Divine* zu erheben und den Tag anschließend in einer der Bars auf der Amsterdam Avenue nahe der Uni bei einem guten Glas Wein ausklingen zu lassen.

Highlights Harlem

1) Conservatory Garden

14 East 60th Street, New York, NY

2) Harlem Meer

3) Charles A. Dana Discovery Center

4) Vinateria

2211 Frederick Douglass Boulevard, New York, NY

Website: www.vinaterianyc.com

5) Apollo Theater

253 West 125th Street, New York, NY

Website: www.apollotheater.org

6) Toast

3157 Broadway, New York, NY

Website: www.toastnyc.com

7) Sakura Park

Riverside Drive, New York, NY

8) Riverside Church

490 Riverside Drive, New York, NY

Website: www.theriversidechurchny.org

9) Riverside Park und Drive

10) Columbia University

Broadway zwischen 114th und 120th Street, New York, NY

Website: www.columbia.edu

11) Carl Schurz Statue und Ausblick

116th Street Ecke Morningside Drive, New York, NY

12) Morningside Park

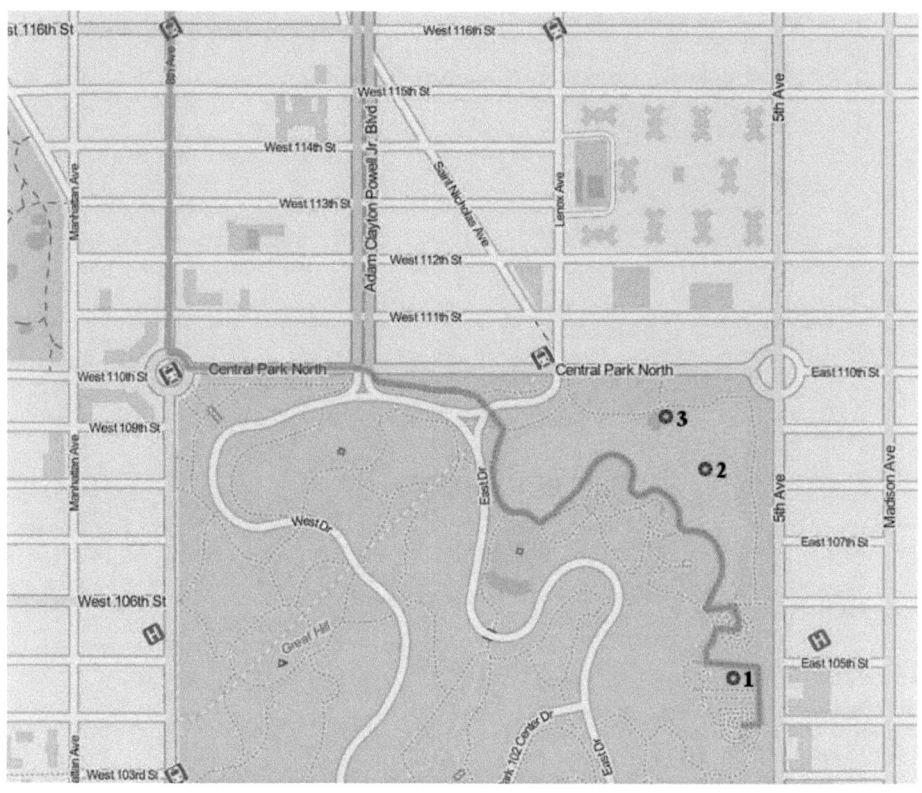

Harlem 1 © OpenStreetMap.org contributors

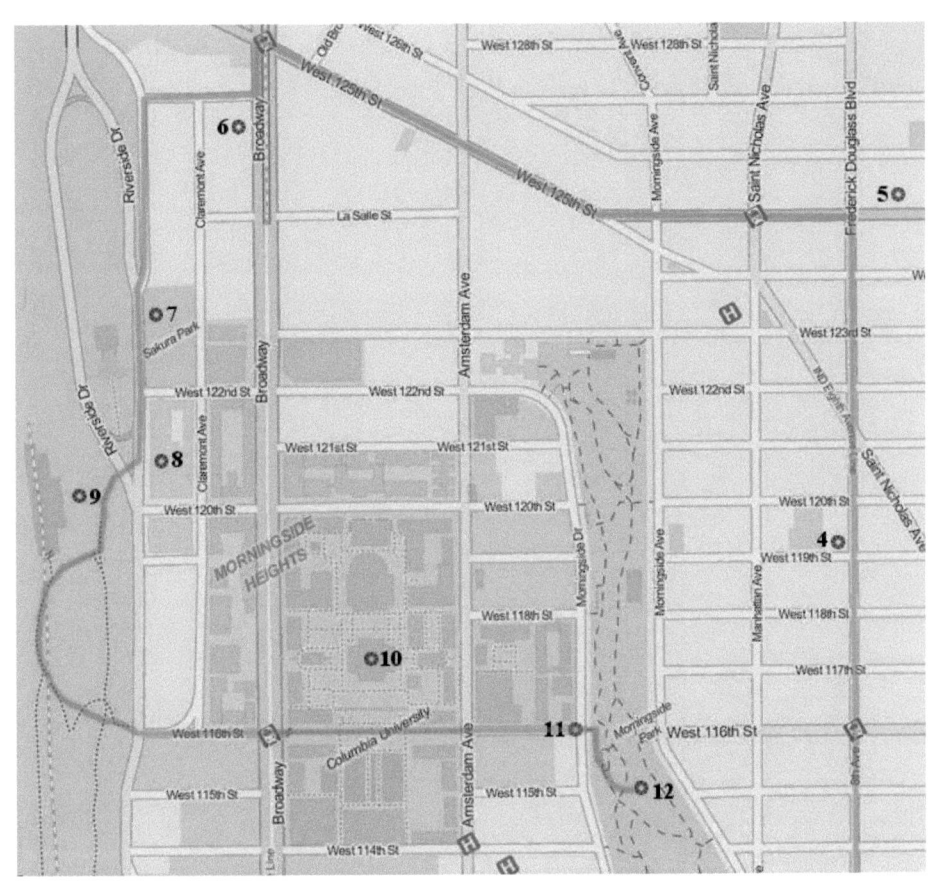

Harlem 2 © OpenStreetMap.org contributors

Upper West Side

A hundred times have I thought New York is a catastrophe, and fifty times: It is a beautiful catastrophe. – **Le Corbusier**

Verdi Square mit Blick auf das *Ansonia* © Miguel Marqueta

Wunderschöne, alte Vorkriegsarchitektur, eine quirlige, bunt gemischte Bewohnerschaft und ein reiches, kulturelles Angebot, all das und mehr macht die *Upper West Side* zu einer der beliebtesten Wohngegenden von New York City – und die Appartements am Central Park West, der direkt am Park verläuft, sind die begehrtesten von allen.

Ihren guten Ruf musste sich die *Upper West Side*, kurz auch *West Side* oder *UWS*, allerdings erst einmal erarbeiten. 1800 noch als wilde, unsichere Gegend vor allem für die soziale Unterschicht bekannt, stellten sich erste Anzeichen auf Besserung mit dem Anlegen des *Central Parks* in den 1850er und 60er Jahren und dem Bau der *Columbia University* 1890 ein. Seinen ersten Bauboom erlebte das Viertel von 1885 bis 1910 dank der 1904 eingeweihten ersten

U-Bahn von New York City mit Haltestellen von der West 59th bis zur 125th Street. Bis in die 1960er Jahre jedoch war die *Upper West Side* weiterhin kein ungefährliches Pflaster. Den ersten richtigen Aufschwung hin zur heutigen Popularität läutete die Gründung und Entstehung des *Lincoln Center for Performing Arts* im Zuge der urbanen Erneuerungspläne von Robert Moses von 1962 bis 1968 ein. Diese kulturelle Bereicherung, sowie die noch günstigen Mieten und großen Appartements lockten in den 70er und 80er Jahren College-Absolventen an. Heute wohnt dank *Lincoln Center* und *Columbia University* die kulturelle, intellektuelle und künstlerische Elite der Stadt in der *Upper West Side.*

Die Medien, sowohl Kino als auch Fernsehen, haben das Viertel für sich entdeckt. Es spielt in diversen Filmen wie *Ghostbusters, Hannah und ihre Schwestern, Wall Street, Panic Room* oder *Vanilla Sky* und vielen amerikanischen Fernsehserien eine Rolle. Ted und seine Freunde aus *How I Met Your Mother* wohnen zum Beispiel Amsterdam Avenue Ecke West 75th Street. Miranda aus *SATC* hat ein Appartement an der West 85th Street, genauer Hausnummer 250.

Um so viele spannende Orte der *Upper West Side* wie möglich zu sehen, bieten sich ein kräftiger Kaffee und ein zuckriges Teilchen zum Start an. Eine gute Adresse dafür ist die *Momofuku Milk Bar* an der Columbus Avenue. Ob *Grashopper-, Crack-* oder *Candy Bar-Pie*, ein cremiger Milchshake oder ein heißer Espresso, die *Momofuku Milk Bar* bietet allen, die eine Schwäche für die süßen Seiten des Lebens haben, genau das Richtige. Christina Tosi, Dessert-Chefin von David Changs Restaurantkette, gründete 2008 ihren eigenen Ableger, die *Momofuku Milk Bars*, die sich vor allem auf zuckrige Klassiker und herzhafte Snacks konzentrieren. Und das Konzept ging auf: Mittlerweile gibt es fünf Läden in der Stadt, ausgerüstet mit der minimalistischen Einrichtung und dem obligatorischen pinkfarbenen Milk-Neonzeichen. 2011 erschien das erste Kochbuch mit Rezepten aus der *Momofuku Milk Bar*, seit 2012 werden die Köstlichkeiten landesweit verschickt. Eine eigene Reihe von Hochzeitstorten komplettiert das Repertoire von Tosis Traum. Einen Teil der Rezepte veröffentlicht die liebenswerte Milchbar auf ihrer Website unter http://milkbarstore.com/main/press/recipes-and-how-tos/. Es lohnt sich also, eine Kleinigkeit auf die Hand mitzunehmen und von dort den Spaziergang in der entspannten und legeren *Upper West Side* zu beginnen.

Wer mehr Lust auf einen ausgedehnt Brunch hat, der sollte sich an das *Good Enough to Eat*, kurz *GETE*, ein Stückchen die Columbus Avenue Richtung Süden, halten. Die gebürtige New Yorkerin Carrie Levin gründete 1981, nach einer klassischen Kochausbildung in Südfrankreich und London sowie ersten Jobs in der Haute Cuisine von NY – ihr Lehrgeld zahlte sie bei Seppi Renngli, damaliger Chefkoch des *Four Seasons* – ihr eigenes Restaurant. Gemeinsam mit Geschäftspartnerin Ann Nickison entschloss sie sich, ein typisch amerikanisches Menü zusammen zu stellen, das die Südstaatenküche in die *UWS* bringen sollte. Gesagt getan: Sieben Tage die Woche, bis nachmittags um vier, serviert Levin herzhaften Brunch mit saftigen Pancakes, fluffigen Buttermilch-Biskuits, sonnengelben Omeletts und vielem mehr; eben allem, was zu einem anständigen Frühstück bzw. Brunch dazugehört. Abends gibt es seelenwärmende Suppen, üppige Sandwiches und das traditionelle Truthahn-Dinner mit Bratensoße, Kartoffelbrei und Rosenkohl. Am Wochenende sollte man entweder früh kommen oder sich auf eine lange Wartezeit einstellen, denn die Bewohner der *UWS* haben das Restaurant längst für sich entdeckt. Deshalb kann die Schlange gut und gerne mal den ganzen Block umrunden. Anstellen lohnt sich aber trotzdem!

Wer an einem Sonntag spazieren geht, kann jetzt einen kleinen Abstecher auf einen der schönsten Wochenmärkte in New York City machen: den Greenmarket an der West 79th Street. Direkt hinter dem *American Museum of Natural History*, kurz *AMNH*, auf dem breit angelegten Bürgersteig, reiht sich ein weißes Zelt an das nächste von der West 78th bis zur 81st Street. Dank des bunt bepflanzten Parks rund um das Museum kommt man sich sogar so vor, als würde man im Grünen einkaufen gehen. Einfach mal ein bisschen Zeit nehmen und über den Markt schlendern, hier bekommt man die frischesten Lebensmittel von ganz NYC und den Unterschied schmeckt man! Im Sommer gibt es eine Fülle an Obst und Gemüse, frischen Salaten und Schnittblumen, Fleisch und Fisch, Eier und Ziegenkäse, Honig und Marmelade, Brezeln und Brot,

Pilze und Bio-Wein und und und ... Alles von Farmern aus der näheren Umgebung. Der Markt ist ganzjährig sonntags zwischen 09.00 und 17.00 Uhr geöffnet. Die Auswahl in den kalten Monaten ist natürlich eingeschränkter. Dann werden vor allem winterharte Sorten, die sich gut lagern lassen, wie verschiedene Kohlsorten, Kartoffeln oder Wurzelgemüse angeboten. Was man immer kaufen kann, ist eine breite Auswahl an Äpfeln, teilweise direkt vom Baum in den Korb. Himmlisch!

Seit den 70er Jahren organisiert *GrowNYC* diesen und viele andere Märkte sowie Nachbarschaftsgärten. Außerdem setzt sich die Non-Profit-Organisation gegen die Luftverschmutzung und für den Lärmschutz, das Recycling von Abfall und die Aufklärung von Kindern über die Umweltprobleme unserer Zeit ein.

Vom Markt aus ergeben sich viele Ein- und Ausblicke auf das *AMNH*. Ein Besuch in diesem Urgestein unter den New Yorker Museen lohnt sich. Einfach die West 77th Street Richtung *Central Park* runter gehen und das imposante Architektur-Allerlei bestaunen: Das Museum besteht aus 27 verzahnten Gebäuden. Seit der Grundsteinlegung 1874 durch Präsident Ulysses S. Grant höchstpersönlich haben sich verschiedene Architekten an seiner Gestaltung und Erweiterung betätigt. Die ersten, die sich mit dem Bau beschäftigten waren jedoch keine anderen als Calvert Vaux und Wrey Mould, die kreativen Köpfe hinter der *Bethesda Terrace*, der *Bow Bridge* und vielen weiteren Bauwerken des *Central Parks*. Sie entwarfen, trotz Geldmangel, einen Masterplan für das gesamte Gelände des *Manhattan Square*, von dem jedoch zuerst nur kleine Teile umgesetzt werden konnten.

1877 eröffnete schließlich der erste, viktorianisch geprägte Museumsteil. Schnell verstellt der von J. Cleveland Cady im neoromantischen Stil gestaltete, südliche Anbau mit vier Ecktürmen aus rostroten Backsteinen die Sicht von der Columbus Avenue. Der heutige Haupteingang kam 1936 nach der Vision von John Russell Pope hinzu: Der überdimensionierte, pompöse Eingangsbereich führt in eine römisch inspirierte Basilika mit Kuppeldach, dort warten bereits die ersten Dinosaurier-Skelette auf die interessierten Besucher. Nach 1930 wurde baulich kaum noch etwas am Museum verändert, bis das 1935 eröffnete *Hayden Planetarium* 2000 demoliert wurde und das *Frederick Phineas and Sandra Priest Rose Center for Earth and Space*, kurz *Rose Center for Earth and Space*, an seine Stelle trat. James Stewart Polshek errichtete für das Center, das neben dem restaurierten Planetarium auch noch das *Department of Astrophysics*, das damals neuste akademische Forschungszentrum des Museums, sowie zusätzliche Ausstellungsfläche, eine Bibliothek und ein ganzes Universum beherbergt, einen sechs Stockwerke hohen Glaswürfel an der Nordseite. Dieser lässt freie Sicht auf das 27 m hohe, leuchtende Planetensystem, das Polshek liebevoll seine „cosmic cathedral", seine kosmische Kathedrale, genannt hat.

American Museum of Natural History Rückansicht © Miguel Marqueta

Seit Ideengeber Albert Smith Bickermore zum ersten Mal von einem naturwissenschaftlichen Museum träumte, sind viele, viele Jahre vergangen. Das *AMNH* ist seit jeher für seine außerordentliche Forschung bekannt. Das erste glorreiche Zeitalter der Entdeckungen reicht in die 1880er bis 1930er Jahre zurück. Als Paläontologen noch Abenteurer waren, als man noch ganze Kontinente und fremde Kulturen entdecken konnte. Das *AMNH* war an der Erschließung des Nordpols, der Durchquerung der Wüste Gobi und der Durchdringung des dichten Dschungels im Kongo beteiligt. In den 1920ern sandten sie Roy Chapman Andrews, legendärer Dinosaurierforscher und historische Vorlage für Indiana Jones, nach Zentralasien. Was Andrews von dort mitbrachte, ist nicht weniger und nicht mehr als der größte archäologische Fund an Dinosaurierknochen, den es je gegeben hat. Erst 1930, nachdem die Grenze zwischen der Mongolei und China endgültig geschlossen wurde, kehrte er mit seinem Team nach New York zurück und wurde 1935 selbst Direktor des Museums.

Heute besitzt das Museum 32 Millionen unterschiedlichster Exponate: Pflanzen, ausgestopfte Tiere, menschliche Skelette, Fossilien, Steine, Meteoriten, kulturelle Artefakte aus allen Ländern der Welt. Es kann natürlich nur ein Bruchteil der Sammlung auf den ca. 150.000 m² Ausstellungsfläche in 45 permanenten und wechselnden Ausstellungen gezeigt werden. 225 wissenschaftliche Mitarbeiter forschen am *AMNH*, es werden jährlich über 120 Expeditionen organisiert und die Ergebnisse einer durchschnittlichen Besucherquote von 5 Millionen im Jahr präsentiert. Tickets gibt es sowohl in der *Theodor Roosevelt Rotunda* am östlichen Haupteingang als auch in den westlichen und südlichen Eingangsbereichen. Mit 22,00 Dollar pro Ticket ist der Eintritt ein teures Vergnügen. Wie jedoch auch beim *Metropolitan Museum of Art* handelt es sich um einen empfohlenen Betrag, was bedeutet auch für jede andere Summe und sei es nur ein Dollar muss dem Besucher der Eintritt in das Museum gewährt werden. Man sollte allerdings im Hinterkopf behalten, dass das *AMNH* sowohl seine Forschung als auch die Lehre und Weiterbildung aus diesen Geldern finanziert und dann entscheiden, was einem der Besuch in einem der wichtigsten und beeindruckendsten, naturwissenschaftlichen Museen der Welt wert ist.

Nach einem ausgiebigen Museumsbesuch kommt ein Abstecher auf den *GreenFlea* Markt zur Zerstreuung gerade Recht. Auf dem Schulhof und in der Cafeteria der *MS 44 Junior High School*, einer der öffentlichen Schulen in der *UWS*, findet man sonntags zwischen 10.00 und 17.30 Uhr einen eklektischen Mix aus Kunsthandwerk, Vintage-Kleidung und -schmuck sowie eine ansprechende Auswahl an Snacks und Lebensmitteln. In knapp 30 Jahren, gegründet wurde er 1985, ist der Flohmarkt erst drei Mal (wegen Blizzards) geschlossen gewesen. Ob Regen, ob Schnee, ob brütende Hitze, der *GreenFlea Market* findet das ganze Jahr über statt. Er war einer der ersten Open Air Flohmärkte der Stadt und wird vom Elternbeirat der Schule gemeinsam mit *GrowNYC* geführt. Teile seiner Einnahmen kommen der Schule sowie drei weiteren in der Gegend zugute. Seit Eröffnung wurden bereits 7 Millionen Dollar eingenommen, die in dringend benötigte Forschungsmaterialien und Bücher investiert wurden.

Der *GreenFlea* kommt dem, was man in Europa für einen Flohmarkt hält, wohl am nächsten. Es werden sowohl abgelegte Kleidung, Schmuck und Geschirr als auch neues Kunsthandwerk verkauft. Besonders beliebt bei *Upper West Sidern* wie Touristen und Celebrities ist *Ruth Pomerantz's Designer Vintage*. Eine oder zwei Stunden kann man gut und gerne im chaotischen Gewusel des Flohmarktes verbringen, ohne sich zu langweilen. Hier eine Zeichnung aus den 1920ern kaufen, dort einen *New Yorker* aus den 50ern, eine Vintage-Lederjacke zum Schnäppchenpreis mit nach Hause nehmen und gegen das erste Hungergefühl eine Kleinigkeit an einem der vielen Stände essen. Eben der perfekte sonntägliche Flohmarktbummel, allerdings ohne das nervige Frühaufstehen!

Anschließend geht es die West 77th Street weiter Richtung Westen, weg vom *AMNH*. Rechts, in der Amsterdam Avenue, trifft man auf ein *Charlie und die Schokoladenfabrik*-artiges Dessertnirvana. Die lila Markise leuchtet im Sonnenlicht und lädt ein durch die Glastüren mit Lollie-Türgriffen zu gehen und das süße Wunderland mit Namen *Sugar & Plumm* zu betreten. Macarons sind aufgereiht wie farbenfrohe, kleine Soldaten, cremige Eisberge wogen in silbernen Schüsseln, Lampen, die aussehen wie Lutscher, erhellen den Raum. Im

Geschenkshop gibt es Geschirr aus London, Spielzeug aus Frankreich und Kekse aus Dubai. Jeden Moment erwartet man *Willy Wonka* alias Johnny Depp im auberginefarbenen Anzug um die Ecke kommen zu sehen, den Zylinder lüftend, und den Besucher mitzunehmen auf eine Reise durch sein Süßigkeiten-Imperium. Wer immer verantwortlich für die Inneneinrichtung war, die Kinderbuchverfilmung nach der Vorlage von Roald Dahl scheint zu einem seiner Lieblingsfilme zu zählen. Wie in der Neuverfilmung des Klassikers von 2005 sind die Farben des *Sugar & Plumm* schwarz, weiß und lila: Ein farbenprächtiges Torten-Mosaik ziert eine Wand des Cafés, der Rest der Wände sowie die Decke und der Fußboden sind weiß gehalten. Sitzbänke und Stühle sind entweder zart fliederfarben oder schwarz. Fehlen nur noch die *Oompa Loompas* und das Süßigkeiten-Labor wäre perfekt.

Sugar & Plumm Auslage © Miguel Marqueta

Das Ganze sieht aber nicht nur nach einem absoluten Kindertraum aus, jeder, der einmal langsam und mit Genuss in eine Macaron des Zuckerwunderlands gebissen hat, der wähnt sich im siebten Süßigkeitenhimmel. Alle Leckereien werden mit frischen Zutaten von Hand in der eigenen Konditorei im hinteren Bereich des Ladens hergestellt. Das gilt auch für die runden Kleinode sowie die vielen verschiedenen Tafeln Schokolade oder die saftigen Trüffel.

Gegen das Zuckerkoma heißt es jetzt laufen. Weiter die Amsterdam Avenue hinauf und links in die West 80th Street bis zum Broadway durch. Dort erwartet Feinkost-Freunde ein besonderes Schmankerl: Wenn das *Sugar & Plumm* das Mekka für süße Zähne ist, dann ist das *Zabar's* das für lukullische Genießer. Es ist ein absoluter New York Klassiker und eine Institution an der *Upper West Side* seit 1934. In jenem Jahr nahmen Louis und Lillian Zabar nämlich ihren ersten kleinen Stand im *Daitch Market* in Betrieb. Dort verkauften sie zuerst hochwertigen, selbst geräucherten Fisch zu fairen Preisen. Damit hatten sie so viel Erfolg, dass sie nach und nach den kompletten *Daitch Market* aufkaufen konnten und *Zabar's* war geboren. Sie fingen an ihren eigenen Kaffee zu rösten und ihre Produktpalette langsam aber sicher zu erweitern. Als Louis 1950 starb, übernahmen seine Söhne Saul und Stanley den Laden; Stanley kümmerte sich um Buchhaltung und Finanzen, Saul dagegen um das Räuchern von Fisch, das Rösten von Kaffee und das Tagesgeschäft im Laden. Sie expandierten immer weiter in die Nachbargebäude und stellten einen Manager, Murray Klein, ein. In den 60er Jahren waren sie der erste Laden, der eine vollautomatische Kaffeemaschine in den Staaten etablierte und seit den 70er Jahren im eigenen Bereich für Küchenutensilien verkaufte.

Zabar's © Miguel Marqueta

Zabar's ist auch heute noch ein Familienunternehmen, Stanley und Saul führen gemeinsam mit ihren Kindern immer noch den Laden. Mittlerweile ist der Markt jedoch weit mehr als ein kleiner Stand, der geräucherten Fisch verkauft. Er hat 365 Tage im Jahr geöffnet, die Verkaufsfläche beträgt stolze 1.800 m², das entspricht fast dem ganzen Block, und beschäftigt 250 Mitarbeiter. 35.000 Menschen pilgern jede Woche ins Lebensmittelparadies und kaufen über 3.600 kg Kaffee. Der Besuch lässt jedem, der gerne isst, auf Anhieb das Herz aufgehen: Eine riesige Auswahl an frischem Käse und Wurst aus aller Welt, Gebäck süß und herzhaft, Obst und Gemüse, aber auch viele Antipasti locken einem Dollar um Dollar aus dem Portemonnaie. *Zabar's* Fans gibt es auch in der Popkultur, so liebten bereits *Will & Grace*, die *Friends*, Tina Fey in *30 Rock* oder *Hart of Dixie*-Star *Zoe* die Leckereien des Traditionshauses. Wer Zeit hat, sollte sich unbedingt im hauseigenen Café einen Bagel mit geräuchertem Lachs und einen Kaffee aus eigener Röstung gönnen. Nur Hinsetzen wird schwierig, da es meistens ziemlich voll ist. Die Kaffeebohnen kann man aber auch mit nach Hause nehmen, die passende Kaffeemaschine dazu gibt es im Obergeschoss des *Zabar's*. Aber vorsichtig, diese Etage hat Suchtcharakter! Einmal die Treppe hoch, gibt es kein Zurück mehr. Bis unter die Decke stapelt sich das wilde Chaos aus Kochlöffeln, Kasserollen, Pfannen, Töpfen, Nudelmaschinen und allem, was man für die voll ausgerüstete Gourmetküche so benötigt. Selbst, wenn man gerade nichts braucht, sollte man einen Blick riskieren und sich zu Höchstleistungen am Herd inspirieren lassen.

Vom *Columbus Circle* bis zur West 169th Street ist der Broadway immer noch der breit angelegte Boulevard, der er einst war. Zwischen Downtown- und Uptown-Verkehr zieren farbenfroh bepflanzte Mittelstreifen seinen Weg, auch sie ein Überbleibsel des damals hier verlaufenden „The Boulevard", des ehemaligen Rückgrates der *Upper West Side*. Viele der grünen Verkehrsinseln, vor allem an den Fußgänger-Ampeln, bieten öffentliche Sitzmöglichkeiten. Selbst wenn man dann mitten im Verkehr sitzt, die Aussicht auf die wunderschönen, imposanten Altbauten der *West Side* entschädigt für manchen Lärm und Gestank. Diese sollte man sich auch, wenn man vom *Zabar's* weiter Richtung Downtown geht, genau anschauen. Je weiter man in den Süden kommt, desto mehr der hinreißenden Riesen tauchen am Rande des Boulevards auf. Art déco, Beaux-Arts vieles erinnert an europäische Prachtstraßen wie den Boulevard Haussmann in Paris. Wer sich nach dem Glanz der alten Welt sehnt, unternimmt am besten hier einen langen Spaziergang.

Einen kurzen Zwischenstopp für einen Drink oder einen Kaffee sollte man in der *LOCL Bar* des *NYLO Hotels* einlegen, die sowohl für Hotelgäste als auch für alle anderen geöffnet ist. Die Bar teilt sich in vier, durch Splitlevel und unterschiedliche Einrichtungsstile getrennte, Bereiche auf und bietet damit für jeden das richtige Ambiente: In der *Piano Lounge* kann man bei gedimmtem Licht in weichen Clubsesseln einen Cocktail genießen und Jazz hören. Die *Bibliothek* bietet einen original Kamin von 1910 und bequeme Samtsofas – zum Lesen und Arbeiten perfekt. Das *Gehsteig-Café* heißt so, weil bei gutem Wetter das breite, gläserne Garagentor geöffnet wird und viel frische Luft hinein lässt, hier kann man in entspannter Atmosphäre einen Kaffee trinken und den hektischen New Yorker-Fußgängern hinterher schauen. Die Bar selbst, mit angeschlossenem Bistrobereich, ist für Nachtschwärmer gedacht, die mit einem Bier oder Wein in den Abend starten wollen. Außerdem lohnt es sich allein für die Bar, einen Blick in das *LOCL* zu werfen. Sie ist quadratisch angelegt und komplett mit Zink verkleidet. An allen vier Ecken türmen sich Glasvitrinen bis unter die Decke, die Gläser und Flaschen ausstellen, wie in einer guten Galerie. In den Goldenen Zwanziger Jahren war es üblich einen Aperitif in einer Hotelbar zu nehmen, vor allem in NYC ein Klassiker. Das *LOCL* bemüht sich erfolgreich diese Tradition wieder zu beleben und hat dafür den idealen Ort geschaffen.

Frisch gestärkt geht es weiter den Broadway hinunter, vorbei an Stuckfassaden und Backsteinbauten. Zwischen der West 75th und 74th Street trifft man auf eine absolute Schönheit der Architektur der 20er: das *Beacon Theater*. Ursprünglich wollte Herbert Lubin, seines Zeichens Filmproduzent, gemeinsam mit Samuel L. „Roxy" Rothafel eine Kette exklusiver Luxuskinos gründen, die *Roxy Theater Circuit* mit dem berühmten *Roxy Theater* als Flaggschiff. Lubin beauftragte den Chicagoer Architekten Walter W. Ahlschlager mit dem Bau des *Roxy Midway Theaters*. Das war 1926, bis 1929 jedoch war Lubin pleite und der Bau des Filmtheaters wurde gestoppt, kurz bevor es fertig gestellt werden konnte. *Warner Theaters* sicherte sich letztendlich das Kino, um eine Dependance für *Warner Bros.* Filme in der *UWS* zu schaffen. Sie benannten das Theater auch in *Warner's Beacon Theater* um; heute ist es kurz das *Beacon Theater*.

Eigentlich sollte das Kino Stummfilme zeigen und hat deswegen für die Live-Untermalung eine hervorragende Akustik. Mit der Verzögerung durch den Verkauf war der Stummfilm jedoch überlebt und der erste Film, gezeigt am 24. Dezember 1929, war ein Tonfilm; „Tiger Rose" mit Lupe Vélez in der Hauptrolle. Bis in die 70er Jahre fungierte das *Beacon* ausschließlich als Kino. Als Steven Singer es jedoch 1974 erwarb, erweiterte er das Repertoire um Live-Konzerte, das behielten auch die nachfolgenden Eigentümer Marvin Getlan und Allen Rosoff ab 1976 bei. Sie starteten direkt mit einer Konzertreihe der *Grateful Dead*. Das Theater füllte eine Lücke zwischen den großen Konzerthallen wie der *Radio City Music Hall* und kleinen, intimen Clubs. Es bietet mit seinen 2.894 Sitzen Platz für ein mittleres Publikum. Seit dem Erfolg der *Grateful Dead*-Konzerte haben viele berühmte Bands das elegante Ambiente für sich entdeckt: *Aerosmith*, Michael Jackson, *Radiohead* und *Queen* sind hier bereits aufgetreten. Weitere Highlights des *Beacon* waren Martin Scorseses 2008 gedrehter Dokumentarfilm *Shine a Light* über die *Rolling Stones*, Bill Clintons 60. Geburtstag, den er ebenfalls mit einem Ständchen der Band feierte, die berühmten Kurse des Dalai Lama sowie die Ausstrahlung der *Tony Awards* von 2011 und 2012.

Warum die ältere Schwester der *Radio City Music Hall* so beliebt bei Musikern wie Filmemachern ist, erklärt sich schnell, wenn man zum ersten Mal vor den reich verzierten, bronzenen Eingangstüren steht. Ganz im Stil vergangener Zeiten gibt es ein kleines Tickethäuschen unter einer beleuchteten Markise und setzt man erst einen Fuß in die prunkvolle, zweistöckige Lobby ist es um einen geschehen. Der weich schimmernde Marmorboden und die edlen Mahagonibars, von denen es auf jeder der vier Ebenen gleich mehrere gibt, versetzen den Besucher zurück in die Goldenen Zwanziger. Ein verrückter Stilmix aus griechisch und römisch inspirierten Elementen, aus Renaissance und Rokoko machen das *Beacon Theater* zu einem einzigartigen architektonischen Kunstwerk.

Das spiegelt sich auch im Bühnenbereich wider: Ein kunstvoll verschnörkeltes Interieur aus vergoldeten Schmuckelementen, dunkelroten Samtsitzen, polierten Hartholzböden, kupfernen Treppengeländern und farbenprächtigen Wandgemälden, die verschiedene Szenen einer orientalischen Karawane komplett mit Elefanten, Kamelen und mehr darstellen, empfängt den Besucher. Man kann zwischen vier verschiedenen Sitzbereichen – Orchester, Mezzanin, Balkon unten und Balkon oben – wählen. Etwas Besonderes ist das versenkbare Proszenium – flankiert von zwei beinahe 10 m hohen, goldenen, griechischen Göttinnen – das mit einem kompletten klassischen Orchester aus dem Bereich unter der Bühne wieder auftauchen kann. Wer Lust hat, sich in die mondäne Zeit zurückversetzen zu lassen, sollte einen Besuch im *Beacon Theater* unbedingt einplanen.

Es war einmal ein Mann namens William Earle Dodge Stokes, der hatte alles, was er sich nur wünschen konnte und noch mehr; er hatte nicht nur viel Geld geerbt, sondern war auch noch Haupteigner einer hübschen Uhrenfabrik. Eines Tages jedoch reichte ihm das alles nicht mehr und er bat einen französischen Architekten namens Paul E. Duboy, dass er ihm das eleganteste und glanzvollste Hotel von ganz Manhattan bauen solle. Und das tat Herr Duboy dann auch: Von 1899 bis 1904 entstand, direkt gegenüber dem *Beacon Theater*, das *Ansonia*, ein Appartementhotel, das seinesgleichen sucht. Es bot seinen Mietern extraordinäre Wohnungen mit mehreren Schlafzimmern, einem eigenen Salon, einer Bibliothek und einem formellen, meist rund oder oval angelegten Esszimmer – natürlich wurde hier nicht gekocht, das Essen für die Gäste wurde in einer der vielen Küchen, jedes der 18 Stockwerke hatte seine eigene, von professionellen Köchen zubereitet. Die hohen Decken, eleganten Stuckelemente und hervorragenden Erkerfenster sowie vier wunderschöne Tourelle, französisch für Türmchen, an allen vier Ecken des Hauses, sahen attraktive Menschen, in bezaubernden Kleidern zu eleganten Partys ein- und ausgehen. Doch das war noch nicht alles: Neben glanzvoll dekorierten Teesalons, mehreren Restaurants und einem prachtvollen Ballsaal konnte das *Ansonia* mit türkischen Bädern und einem mächtigen Brunnen in der Eingangshalle aufwarten, in dem sich lebendige Seelöwen tummelten.

Ansonia © Miguel Marqueta

Mr. Stokes hatte allerdings noch einen anderen Wunsch: Er träumte von einer
Farm im Himmel. Er errichtete den wahrscheinlich ersten Dachgarten des Big
Apple und hielt sich dort über 500 Hühner, Enten und Gänse, sechs Kühe sowie einen kleinen Bären. Er selbst sammelte jeden Morgen Eier für das Frühstück seiner Gäste. Stokes wohnte selbst im Penthouse des Hotels direkt neben
seinem kleinen Bauernhof. Die Korridore des Hotels sind mit die breitesten der
Stadt, mussten sie doch genug Platz bieten für die Milchkühe, die ja irgendwie
aufs Dach kommen mussten. Als das Gesundheitsamt jedoch hinter dieses

Arrangement kam, schritt es 1907 ein und verbot den ersten Versuch eines Selbstversorger-Hotels strikt.

Das Beaux-Arts-Gebäude lockte mit seiner eleganten, französischen Architektur vor allem Kreative und Künstler in seine Appartements. Arturo Toscanini, Igor Stravinsky, Enrico Caruso alle haben sie im *Ansonia* gelebt und gearbeitet. Nach und nach wurden die Zeiten jedoch schwieriger für das luxuriöse Haus. Man brauchte mehr Platz, um mehr Menschen unterzubringen. So kam es, dass Räume geteilt, Wände gezogen und am Ende all die traumhaft feudalen Appartements bis 1950 in 1-2 Schlafzimmer-Wohnungen umgestaltet wurden. Sie behielten jedoch die original architektonischen Details bei.

In den 60er und 70er Jahren verkam das Hotel und damit auch sein Ruf. Ein Club für Homosexuelle, das *Continental Bath*, zog in die Räume des ehemaligen türkischen Bades ein. Dort startete Bette Midler ihre Gesangskarriere mit Barry Manilow als ihrem hauseigenen Komponisten. In den späten 70ern wechselte das Klientel und ein Swinger-Club für Heteros entstand. Seit 1992 ist das Hotel offiziell keines mehr und die mittlerweile 430 Appartements können als Eigentumswohnungen erworben werden. 2007 kam ein besonderer Prozess ins Rollen: Großverdiener und Firmen kauften mehrere der Appartements eines Stockwerks und transformierten sie zurück zu den glamourösen, großzügigen Wohnungen, die sie einst waren. Stück für Stück, Appartement für Appartement, wurden die vergangenen, glanzvollen Zeiten behutsam wieder hergestellt. Heute kann man erneut, wenn man das nötige Kleingeld besitzt, im Beaux-Arts-Palast *Ansonia* residieren.

Vom *Ansonia* geht es weiter zu einem anderen, besonders beliebten Altbau der *Upper West Side*, dem *Dakota Building*. Dazu schlendert man einfach die West 72nd Street Richtung *Central Park* hinunter. Es gibt sicherlich kaum jemanden, der noch nicht vom *Dakota* gehört hat. Sei es aus einem der vielen Filme, denen es als Kulisse diente – einer der berühmtesten ist wohl *Rosemary's Baby* von Roman Polanski – sei es als der Ort, vor dessen Toren John Lennon 1980 erschossen wurde. In seinen 140 Jahren Lebensgeschichte hat das *Dakota Building* schon einiges erlebt.

Gebaut wurde es von der Architekturfirma *Henry Janeway Hardenbergh*, die ebenfalls für das Design und den Bau des *Plaza Hotels* verantwortlich waren, und für Edward Clark, damaliger Leiter der *Singer Sewing Machine Company*. Das Dach des imposanten Bauwerks, eines der wenigen Giebeldächer von NYC, entspricht einem hanseatischen Rathaus, sein Innenausbau jedoch steht deutlich im Zeichen der französischen Renaissance. Der Appartementkomplex bot für seine Zeit einige besondere Annehmlichkeiten, die es so nirgendwo sonst in Manhattan gab: Bei Einweihung gab es 65 Appartements mit mindestens vier und maximal 20 Räumen, die über diverse Aufzüge und Treppenhäuser erreicht werden konnten. Neben einem einnehmenden Essbereich für alle Bewohner, konnte man sich natürlich sein Abendessen auch in den eigenen vier Wänden servieren lassen. Die Elektrizität wurde über einen hauseigenen Generator zur Verfügung gestellt, musste also nicht mit der ganzen Stadt geteilt werden und war dementsprechend wesentlich stabiler. Es gab eine Zentralheizung – ein absolutes Novum – sowie ein Sportzentrum auf dem Dach, einen Privatgarten mit Tennisplätzen und eine extra Wiese für Croquet.

All das und mehr machte es schnell zum prestigeträchtigsten Gebäude der Stadt. Die Appartements erzielen auch heute noch einen Preis zwischen vier und 30 Millionen Dollar. Es galt und gilt als schick, im *Dakota* zu wohnen oder mindestens eine Stadtwohnung dort zu besitzen. In den Genuss kamen Berühmtheiten wie Lauren Bacall, Leonard Bernstein, Judy Garland, John Lennon und Yoko Ono. Es ist allerdings nicht einfach, hier ein Domizil zu kaufen, die Eigentümerversammlung gilt als besonders wählerisch. Billy Joel, Melanie Griffith und Antonio Banderas wurde der exklusive Beitritt bereits verwehrt. John Lennon und Yoko Ono zogen 1973 im *Dakota* ein. Sie lebten gemeinsam mit ihrem 1975 geborenen Sohn bis zu jenem tragischen 8. Dezember 1980 in fünf Appartements mit Blick auf den *Central Park*. Als der fanatische Beatles-Fan Mark David Chapman Lennon vor dem Südeingang des Bauwerks erschoss, machte er damit nicht nur Yoko Ono zur Witwe, sondern auch das *Dakota Building* unsterblich.

In Erinnerung an John Lennon wurde das Areal des *Central Parks*, das direkt vor dem ehemaligen Zuhause des Sängers liegt, umgestaltet und nach dem von

Lennon verfassten *Beatles*-Song *Strawberry Fields Forever* umbenannt. Es sind nur wenige Schritte von der Straße bis in den Park und doch ändert sich dort alles: die Umgebung, die Stimmung, der Geruch. Bereits ein Jahr nach Lennons Tod deklarierte das City Council-Mitglied Henry J. Stern den 10.000 m² großen, tränenförmig angelegten Parkbereich zum *Strawberry Fields Memorial*. 1984 spendete Yoko Ono eine halbe Million Dollar für die Gestaltung und eine halbe Million Dollar für die zukünftige Erhaltung des Parks. Landschaftsarchitekt Bruce Kelly entwarf, gemeinsam mit dem *Central Park Conservancy*, einen meditativen Friedensgarten, einen Ruheort im hektischen Manhattan, ganz in Harmonie mit dem ursprünglichen Design der *Central Park*-Architekten F. L. Olmsted und C. Vaux. 150 Länder wurden gebeten, Pflanzen zu spenden, um John Lennons Ideale von einer Welt in Frieden auch in seine Gedenkstätte zu transportieren.

Am Scheitelpunkt des Gartens liegt das *Imagine-Mosaik*, ein Geschenk von Kunsthandwerkern aus Neapel. Im Zentrum des Mosaiks steht schwarz auf weiß das Wort *Imagine*, von dort gehen sternenförmige Strahlen bis zum Rand. Es gibt kaum einen Tag, an dem hier nicht die Musik der Beatles erklingt, kaum einen Tag, an dem nicht Blumen und Kerzen die Gedenkstätte schmücken. Vor allem an John Lennons Geburtstag, dem 9. Oktober, und an seinem Todestag, dem 8. Dezember, kommen Fans am Mosaik zusammen, um bis spät in die Nacht Beatles-Songs zu singen und sich an einen der größten Denker für Frieden und Freiheit zu erinnern. Dann wird *Strawberry Fields* zu einem fast magischen Ort, der die glorreichen Jahre der *Fab Four* wieder auferstehen lässt. Und Yoko Ono, die immer noch im *Dakota* lebt, blickt vielleicht von ihrem Appartement auf den Gedenkgarten ihres Mannes und fühlt sich nicht mehr so allein.

Am *Central Park* entlang geht es weiter bis zur West 66th Street, in die man einbiegt, um zu einer der wichtigsten kulturellen Veranstaltungsstätten zu kommen, die die *Upper West Side*, die ganz New York City zu bieten hat: das *Lincoln Center for the Performing Arts*, kurz *Lincoln Center*. Robert Moses startete in den 50er und 60er Jahren ein Programm für städtische Verschönerung, das auch den *Lincoln Square* miteinbezog. Im Zuge dieses Programms entschloss sich ein Konsortium von öffentlichen Personen, denen unter anderem auch John D. Rockefeller III. angehörte, ein Zentrum für darstellende Künste ins Leben zu rufen. Für die Finanzierung zeigte sich Rockefeller verantwortlich, er besorgte die Hälfte der benötigten 184,5 Millionen Dollar von privaten Spendern, Teile seines Privatvermögens eingeschlossen.

Kommt man nun von der West 66th Street ist das erste Gebäude des *Lincoln Centers* die *Juilliard School*. Ein scharf geschnittener Bau des Brutalismus aus Glas und Beton, der 2009 von der renommierten NYer Architekturfirma *Diller Scofidio + Renfro* komplett redesignt wurde. So ragt jetzt eine keilartige Spitze über den Broadway. Nur wenige Meter weiter die Columbus Avenue herunter befindet sich zwischen der West 65th und 62nd Street sowie zwischen Columbus und Amsterdam Avenue der Haupteingang des *Lincoln Centers*, dessen drei zentrale Bauwerke das *Metropolitan Opera House*, die *Avery Fisher Hall* und das *David H. Koch Theater* sind. Als erstes wurde 1962 die *Avery Fisher Hall* an der Nordseite der *Lincoln Center Plaza* fertiggestellt. Gebaut von Max Abramovitz, beheimatet sie die *New York Philharmonic*. Neben klassischen Konzerten performten hier schon *Simon & Garfunkel* und *Queen*. Das Eröffnungskonzert gestaltete Leonard Bernstein gemeinsam mit den New Yorker Philharmonikern und den Opernstars Eileen Farrell und Robert Merill.

Als nächstes folgte 1964 das *David H. Koch Theater*, gestaltet von einem der einflussreichsten, amerikanischen Architekten aller Zeiten, Philip Johnson. Er gründete das *Architecture and Design Department* des *MoMA* 1930, gestaltete die *Kunsthalle Bielefeld*, das *Lipstick Building* ebenso wie das *Seagram Building* in Zusammenarbeit mit Mies van der Rohe, die letzten beiden stehen in New York City. Das Theater beheimatet das *New York Ballet* und liegt an der Südseite des Platzes. Johnson gestaltete sein Meisterwerk, wie vor ihm bereits Abramovitz die *Avery Fisher Hall*, aus hellem Travertin Marmor. Sowohl innen als auch außen nutzte er die gleichen Lampen, die in ihrer Form an Diamanten erinnern. Sie sind Stilmittel und Lichtquelle zugleich. Im Zuschauerraum dominieren kräftiges Kirschrot und Gelbgold. Die kreisrunden Lampen sind sowohl symmetrisch auf die Balkone aufgesetzt als auch in dem ballförmigen Kronleuchter zu finden.

Der letzte und größte Bau des *Lincoln Centers* ist mit 3.900 Sitzen das 1966 eröffnete *Metropolitan Opera House* im Zentrum des Platzes. Ebenso wie bei den anderen Gebäuden ist die Front von Säulen dominiert, die einen Vorbau für die ankommenden Besucher erzeugen. Anders jedoch als bei der *Avery Fisher Hall* und dem *David H. Koch Theater* sind die Säulen miteinander verbunden und erzeugen so einen Arkadengang. Alle drei Bauwerke bieten, dank der nach hinten versetzten Fensterfronten auch von außen Einblick. So flutet warmes Licht die *Lincoln Center Plaza,* unterstützt von der beleuchteten Fontäne in der Mitte des Platzes. Das *Metropolitan Opera House* beherbergt, wie der Name schon sagt, die Oper von New York City.

Lincoln Center for the Performing Arts © Miguel Marqueta

Trotzdem sie das jüngste Bauwerk ist, strahlt sie dennoch den ältesten Glamour aus: Eine dramatisch geschwungene Treppe, tiefrote Teppiche, cremeweißer Marmor, goldglänzende Handläufe und elf einzigartige Kronleuchter, der Explosion eines Sternes nachempfunden, machen das Foyer zu einem magischen Ort. Zwei riesige Wandgemälde von niemand anderem als Marc Chagall zieren den Eingangsbereich links und rechts. Am besten folgt man als erstes der Treppe nach unten und gönnt sich ein Glas Rosé Champagner, denn Champagner sollte es in diesem exklusiven Ambiente schon sein, und sieht sich ganz in Ruhe um. Ertönt das erste Mal die Glocke und die Besucher können endlich den Bühnenbereich betreten, so verschlägt es einem erst einmal den Atem. Fünf Balkone erheben sich fächerförmig über die Orchestersitze. Das gleiche intensive Rot und weiche Gold dominieren auch diesen Bereich der Oper. Der Hauptvorhang ist aus handgewebtem goldenem Damast und der größte der Welt. 21 weitere Sternenexplosionen, die sich hoch und runter fahren lassen, komplementieren die Leuchter aus dem Foyer. Alle ein Geschenk der österreichischen Regierung und in Wien von der Traditionsglasmanufaktur *J&L Lobmeyr*, die sowohl die *Wiener Hofburg* als auch *Schloss Schönbrunn* mit feinstem Glas versorgte, angefertigt.

Der Eintritt ist natürlich nicht günstig, doch es gibt die Möglichkeit abends kurz vor der Vorstellung Resttickets oder Stehtickets zu guten Preisen unter 30,00 Dollar zu kaufen. Die Sicht von dort ist gut und das Event sowieso einmalig. Es ist etwas ganz Besonderes, an diesem glanzvollen Ort *La Traviata*, *Macbeth* oder *Madama Butterfly* zu sehen. Bühnenbild und Kostüme sind herausragend, Tenöre und Soprane die besten der Welt. Ein Abend in der *Metropolitan Oper* lässt einen verzaubert zurück. Jeder der die Oper liebt, sollte einmal in seinem Leben in der *Met* gewesen sein!

Highlights Upper West Side

1) Momofuku Milk Bar

561 Columbus Avenue, New York, NY

Website: www.milkbarstore.com

2) Good Enough to Eat

520 Columbus Avenue, New York, NY

Website: www.goodenoughtoeat.com

3) Greenmarket 79th Street

Columbus Avenue zwischen 78th und 81st Street, New York, NY

Website: www.grownyc.org/greenmarket/manhattan/79th-street

4) American Museum of Natural History

Central Park West und 79th Street, New York, NY

Website: www.amnh.org

5) GreenFlea Market

Columbus Avenue zwischen 77th und 76th Street, New York, NY

Website: www.greenfleamarkets.com

6) Sugar & Plumm

377 Amsterdam Avenue, New York, NY

Website: www.sugarandplumm.com

7) Zabar's

2245 Broadway, New York, NY

Website: www.zabars.com

8) LOCL Bar

NYLO New York City Hotel, 2178 Broadway, New York, NY

Website: www.nylohotels.com/nyc/locl-bar-new-york-dinning-4-9.aspx

9) Beacon Theater

2124 Broadway, New York, NY

Website: www.beacontheatre.com

10) The Ansonia

2109 Broadway, New York, NY

Website: www.ansoniarealty.com

11) Dakota Building

West 72nd Street, New York, NY

12) Strawberry Fields

13) Lincoln Center

10 Lincoln Center Plaza, New York, NY

Website: www.lc.lincolncenter.org

14) Avery Fisher Hall

Lincoln Center Plaza, New York, NY

Website: www.nyphil.org

15) David H. Koch Theater

Lincoln Center Plaza, New York, NY

Website: www.nycballet.com

16) Metropolitan Opera House

Lincoln Center Plaza, New York, NY

Website: www.metoperafamily.org

Upper West Side 1 © OpenStreetMap.org contributors

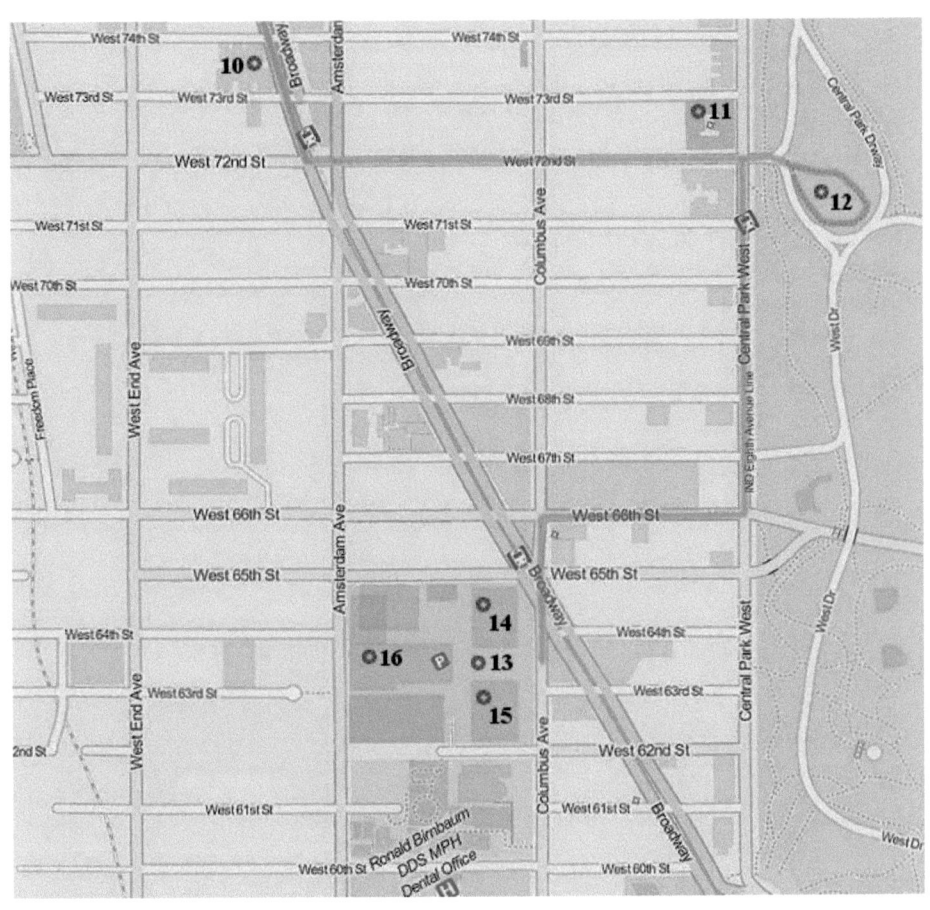

Upper West Side 2 © OpenStreetMap.org contributors

Chelsea & Greenwich Village

I loved New York – every inch of it. It was a little bit scary at that time, but still, the excitement was so strong – visually and intellectually. It was like a monster. – **Ai Weiwei**

Blick auf *Chelsea* von der *High Line* © Miguel Marqueta

Bob Dylan rührt bedächtig in seinem Kaffee, Charles Bukowski macht einen schlüpfrigen Witz, Madonna lacht lauthals los. Janis Joplin hat für diese Art von Humor nur ein Schmunzeln über. Während Simone de Beauvoir und Jean-Paul Sartre eng umschlungen aus ihrem Doppelzimmer kommen, schreit Sid Vicious verstört auf, er hat seine Freundin erstochen in der Lobby vorgefunden. Das hält weder Stanley Kubrick noch Arthur C. Clarke von ihrem Schreibwahn ab. Selbst Christo und Julian Schnabel lassen sich nicht von ihrem Disput mit Claes Oldenburg über moderne Kunst ablenken.

Die Gästeliste des Chelsea Hotel, kurz Chelsea, liest sich wie das Who is Who des 20. Jahrhunderts. Natürlich haben all diese Künstler, Musiker, Schauspieler und Schriftsteller hier nicht gleichzeitig genächtigt oder gelebt. Aber sie sind hier gewesen. In diesem 1883 von Hubert, Pirsson & Company gebauten Gebäude, das zuerst als Appartementkomplex gedacht war. Im Queen Ann Stil angelegt, ist die rote Backsteinfassade des zwölf Stockwerke hohen Hauses mit typisch viktorianisch verschnörkelten Metallbalkonen versehen. Zuerst wurde das Gebäude als so genannter Hubert Home Club organisiert, in dem Künstler zu günstigen Preisen in New York leben konnten, wenn sie sich an der Instandhaltung des Hauses beteiligten. Dieses System war jedoch nicht von Erfolg gekrönt und führte schließlich dazu, dass das Chelsea geschlossen und 1905 als Hotel wiedereröffnet wurde.

Und seitdem kamen sie, die Schriftsteller, wie Mark Twain und Jack Kerouac, die Künstler, wie Willem de Kooning und Frida Kahlo, die Schauspieler, wie Dennis Hopper und Uma Thurman und die Musiker, wie Jimi Hendrix und Edith Piaf. Sie kamen her, um die kreativ aufgeladene Atmosphäre des Chelsea zu nutzen. In den 250 Zimmern des Hotels mischten sich Langzeitbewohner mit Wochenend-Gästen. Hier genossen sie die Freiheit, die sie brauchten, um Großes zu schaffen. Doch die Zeiten änderten sich, mit einer neuen Verwaltung wurden zuerst die Langzeitbewohner immer weniger, dann stand das Haus ausschließlich als Hotel zur Verfügung und seit 2011 ist es zu Renovierungsarbeiten gänzlich geschlossen. Was aus dem Chelsea Hotel werden wird, wird sich zeigen. Trotzdem legt das Bauwerk Zeugnis ab von einer Ära, in der Weltliteratur, Musik-Hits und Jahrhundertwerke zwischen seinen Wänden erträumt wurden.

Vom Hotel aus geht es weiter in Richtung Westen auf der West 23rd Street. Chelsea ist eines der ältesten Viertel von New York, man kann seine Geschichte bis ins Jahr 1750 zurückverfolgen. Bereits im 19. Jahrhundert zeigte sich Chelseas großes, kreatives Potential: 1868 hatte sich das Viertel in einem angesehenen Theater-Distrikt verwandelt. Schon immer war es eines der beliebtesten Wohnviertel im Big Apple, sowohl für Amerikaner als auch für Zugezogene aus der ganzen Welt.

Chelsea Hotel © Miguel Marqueta

Heute hat sich Chelsea vor allem als Kunst-Viertel etabliert: Im Quadrat zwischen der West 16th und 27th Street sowie der 10th und 11th Avenue befinden sich über 350 Galerien für moderne Kunst. Häufig nutzen diese die alten Lofts der Pelz- und Blumenindustrie als Ausstellungsflächen, das gibt Chelsea den urbanen, kreativen Flair, für den es weltweit bekannt ist. Zweimal im Jahr kann man bei den High Line Open Studios (http://highlineopenstudios.org) einen Blick in die Ateliers der Künstler der Nachbarschaft werfen und mit ihnen über ihre Werke sprechen. Wer gerade nicht zur richtigen Zeit vor Ort ist, kann sich stattdessen den Donnerstagabend seines New York-Trips frei halten: Denn Donnerstag ist Vernissagen-Tag. Einen guten Überblick für alle Kunstinteressierten bietet http://chelseagallerymap.com/.

Nach dem einen oder anderen Blick in eine der Galerien auf dem Weg, schiebt sich langsam aber sicher das mächtige, schwarze Stahlgerüst der High Line ins Blickfeld des Spaziergängers. An der West 23rd Street ist einer der Aufgänge der über 20 km langen, 10 m über dem Boden schwebenden, alten U-Bahn-Trasse – seit 2009 einer der schönsten Industrie-Parks weltweit. Die auf Stützen stehende Gleisanlage gibt es seit 1930, als die U-Bahn-Strecke noch durch den Meatpacking District führte und nach vielen Unfällen im Straßenverkehr letztendlich angehoben wurde. 50 Jahre später fuhr der letzte Zug über die Gleise der Hochbahn und das Stahlgerüst verfiel. Als in den 80er Jahren Aktivisten forderten, das Ganze einfach niederzureißen, meldeten sich Anwohner des Viertels zu Wort: Sie wehrten sich heftig. In Konsequenz gründeten Joshua David und Robert Hammond in den späten 90er Jahren den Friends of the High Line-Verein, der sich für den Erhalt und die öffentliche Nutzung der Trasse einsetzte. Inspiriert von der Pariser Promenade de Plantee, ein Park im 12. Arrondissement, der aus einer ehemaligen U-Bahn-Anlage entstanden ist, schlug der Verein eine Parkanlage zur öffentlichen Nutzung vor.

High Line © Miguel Marqueta

Nach einem ausgeschriebenen Wettbewerb einigte man sich am Ende auf das Designkonzept der Landschaftsarchitekten von James Corner Field Operations und der Architekten von Diller Scofidio + Renfro, die ebenfalls die 2014 beginnenden Umbaumaßnahmen des MoMA ausgearbeitet haben und umsetzen werden.

Die Gestaltung der High Line wurde in drei Zeitphasen unterteilt, was ermöglichte, einen Teil des Parks schnell für Besucher zugänglich zu machen. Der erste Abschnitt wurde 2009 für die Öffentlichkeit freigegeben, die weiteren Bereiche wurden und werden nach und nach realisiert. Mittlerweile ist Abschnitt 2 von der West 20th bis zur 30th Street seit 2011 offen für Spaziergänger und die Bauarbeiten am dritten Abschnitt von der West 30th bis zur 34th Street sollen 2014 beendet werden. Die Instandhaltung des Parks teilen sich der Friends of the High Line-Verein und das New York City Department of Parks & Recreation, 90% der Gelder hierfür werden allerdings aus privaten Spenden zur Verfügung gestellt.

Eine der nettesten Strecken über die High Line beginnt an der West 23rd Street. Von hier geht es Richtung Süden. Nicht nur bietet die erhöhte Lage der High Line tolle Ausblicke über Chelsea, den Meatpacking District, das Empire State oder den Hudson River, auch oder gerade die Bepflanzung der ehemaligen U-Bahngleise ist eine Klasse für sich. Man hat sich an den Pflanzen orientiert, die sich bereits vor der aktiven Gestaltung des Parks diesen Bereich zurückerobert hatten: Über 210 verschiedene Büsche, Bäume, Blumen und Gräser wachsen heute auf der High Line. Ob die Pflanzen im Frühling und Sommer in voller Blüte stehen oder im Herbst und Winter langsam verwelken, das Bild, das sie für den Besucher abgeben, ist absolut einzigartig. Ein bisschen fühlt man sich an mancher Stelle, als ob man durch die Dünenlandschaft der Ostsee spaziert, sowohl die Brise vom Hudson River als auch die sich sanft im Wind wiegenden Gräser tragen zu diesem Eindruck bei. Ein absolut himmlisches Urlaubsgefühl, das am Wochenende nicht nur viele Touristen, sondern auch Einheimische ausnutzen. Ein Durchblick ist besonders empfehlenswert, er liegt jedoch ein wenig versteckt: Zwischen der West 17th und 18th Street, hinter einer Ansammlung junger Birken, öffnet sich plötzlich die Sicht auf die Freiheitsstatue. So unerwartet, dass es beinahe magisch ist. Hier ist eine der wenigen

Möglichkeiten innerhalb der Stadt einen Blick auf die alte Dame zu erhaschen. Deshalb kurz hinsetzen und die Aussicht genießen!

Nur ein paar Meter weiter untertunnelt der Park ein Gebäude, das zum Chelsea Market gehört. Im Sommer gibt es in diesem Durchgang viele verschiedene Essensstände, einen Infobereich der Friends of the High Line sowie den einen oder anderen Künstler, der seine Werke präsentiert. Umrahmt wird das Ganze von einer komplett aus Glasbausteinen arrangierten Außenwand: Von hellgrün bis dunkelrot, tauchen sie die Szenerie in geheimnisvolles Licht, zur richtigen Tageszeit lässt die Sonne sie jedoch aufleuchten wie bunte Edelsteine. Tritt man aus dem Tunnel heraus, erwartet einen ein spektakulärer Ausblick: Nach vorne auf das Standard Hotel, nach hinten auf das Dachappartement von Diane von Fürstenberg. Die Designerin hat sich einen gläsernen Wohnwürfel auf das Dach ihres dreistöckigen Mode-Imperiums setzen lassen. Im Untergeschoss des Hauses befindet sich der Showroom, im zweiten wie dritten Stock liegt ihr Atelier.

Atelier, Showroom und Appartement von Diane von Fürstenberg © Miguel Marqueta

Das Standard Hotel ragt seit 2009 über der High Line empor, anders als der Chelsea Market bildet es jedoch keinen Tunnel, sondern balanciert auf 17 m hohen, riesigen Betonpfeilern über der Straße. In Reminiszenz an Architektur-Legende Le Corbusier ist das 18-stöckige Luxushotel ganz aus Glas und Beton gebaut. Es besteht aus zwei mächtigen, leicht gekippten quadratischen Elementen, die es wie ein aufgeklapptes Buch aussehen lassen. Ein ‚offenes Buch' sind auch die 337 Zimmer des Hotels, im wahrsten Sinne des Wortes: Nach außen ist der Bau unverspiegelt voll verglast, es bleibt damit dem Gast überlassen ob und inwieweit er Einblicke in seine Privatsphäre zulässt. Ein Vorhang kann vor die bodentiefen Fenster gezogen werden und so die Blicke der Spaziergänger der High Line abwehren – oder eben auch nicht. Bleibt der Vorhang offen, dann haben die Bewohner des Standard einen traumhaften Ausblick auf das Empire State Building, Downtown und den Hudson River.

Neben dem eigentlichen Hotel bietet das Standard auf Straßenebene – der Bereich unterhalb der High Line und der Bereich oberhalb werden durch einen Fahrstuhl miteinander verbunden – verschiedene Möglichkeiten sich kulinarisch auszutoben: Mit dem Standard Grill, dem Biergarten und der Pizzeria wollte André Balazs, Auftraggeber des Hotels, eine Art Wohnzimmer für die Anwohner des Meatpacking Districts schaffen. Auf dem Dach des Standard Hotel befindet sich eine der angesagtesten Bars der Stadt: Das LeBain. Tagsüber kann man hier bei Crêpes und Bier die einmalige Aussicht auf Downtown genießen. Nachts verwandelt sie sich jedoch in einen leicht verruchten Club, den Boom Boom Room, den nur die Reichen und Schönen besuchen dürfen. Nackte, vollgekokste Models inklusive. Wer nicht zur High Society gehört, sollte sich einen Besuch tagsüber unbedingt gönnen!

The Standard Hotel © Miguel Marqueta

Le Bain Dachbar des *Standard* © Natalie Wichmann

Hineinkommen ist einfacher, doch auch hier muss man aufpassen, dass einen die luxuriös gekleideten Damen am Empfang im obersten Stockwerk nicht in die schicke Bar setzen, sondern in Richtung Dachterrasse schicken. Durch eine große, schwere Tür geht es schließlich hinauf. Der Weg dorthin führt durch einen dunkelrot gestrichenen, mit anzüglichen Bildern gestalteten, engen Treppenaufgang. Oben angekommen, erfreut man sich am besten erst einmal an der dramatischen Aussicht. Dieser Ort ist absolut einzigartig. Was sich Frau, denn nur die Damen-Toiletten sind nach Norden ausgerichtet, definitiv nicht entgehen lassen sollte, sind die Gäste-WCs. Diese sind nämlich wie die Hotelzimmer nach außen hin voll verglast. Hier erleichtert man sich mit Panorama-Blick auf das Empire State Building. Das ist sicherlich an kaum einem anderen Ort in New York City möglich!

An der West 14th Street geht es von der High Line herunter, direkt in den Meatpacking District hinein. Wer Lust hat, geht das kurze Stück bis zur West 15th Street zurück und schaut im Chelsea Market vorbei. Mit 35 Ständen ist er einer der größten Indoor-Märkte der USA. Eingezogen in die unteren Räume der ehemaligen National Biscuit Company, die 1912 den Oreo-Keks erfunden hat, lädt der Markt seit 15 Jahren zum entspannten Bummeln ein. Immer wieder gibt es interessante Pop-Up-Stores für Kunsthandwerk oder Designer-Outlets. Guter Kaffee, veganes Sushi und ein hinreißender Buchladen, der sowohl Mainstream als auch das besondere Buch anbietet, locken Einwohner und Besucher in den Markt. Am Ausgang Richtung 10th Avenue ist seit einigen Jahren eine zweite Dependance des Artists & Fleas von Williamsburg. Hier gibt es Schmuck, ausgefallene Kleidung und vieles mehr.

Wer keine Lust auf einen Marktspaziergang hat, biegt direkt in die Washington Street ein und entdeckt den Meatpacking District. Wie der Name vermuten lässt, wurde hier früher vor allem Fleisch gelagert, verpackt und weiter ins Land transportiert. Im frühen 19. Jahrhundert bot das Viertel eine Mischung zwischen Schwerindustrie und Wohnraum. Nach dem Bürgerkrieg 1870 wandelte sich dies jedoch in eine rein industrielle Nutzung. Der Verkauf von Lebensmitteln prägte das Bild des Meatpacking Districts schon immer. In den 1880er Jahren entstanden zwei große Märkte, der Gansevoort Market und der West Washington Market, die Fleisch, Gemüse und Milch vertrieben.

1900 hatte das Viertel bereits 250 Schlachthäuser und Abpackbetriebe, die Entwicklung ging schnell in diese Richtung. Mit dem Anheben der U-Bahn-Linie in den 1930er Jahren, stand einem sicheren, effektiven An- und Abtransport nichts mehr im Weg. In den 60er Jahren begann, mit dem Aufkommen von Supermärkten, Kühllastwägen und einer nationalen Verbreitung von Lebensmitteln, der Abstieg der Fleischindustrie im Meatpacking District. In den 70er Jahren entdeckte die Schwulenszene das Viertel für sich und Prostitution und Drogenhandel machten es zu einem der unsichersten an der West Side. In den 90ern transformierte sich das Viertel erneut: Hochklassige Designer fanden Gefallen an der urbanen, authentischen Atmosphäre und zogen mit ihren Showrooms und Ateliers ein. Schnell folgten coole Bars und schicke Restaurants. Heute ist der Meatpacking District eines der beliebtesten und teuersten Ausgehviertel der Stadt.

Von der Washington Street lohnt es sich immer mal wieder, rechts und links in die kleinen Seitenstraßen mit ihren Cafés, Klamottengeschäften oder Restaurants hineinzugehen. Auf der rechten Seite blitzt der Hudson River hinter dem einen oder anderen Haus hervor, die Architektur des Viertels ist urban bis industriell.

Auf der Washington Street © Miguel Marqueta

Vor allem um die Gansevoort, die Hudson und die Greenwich Street tummeln sich angesagte Bars, Restaurants und Clubs. Die Kneipen im Meatpacking District sind meist kleine und nur sehr dezent beleuchtete Orte mit guten Cocktails und kräftigem Bier. Keine Sorge, hier kann man sich getrost an den Tresen oder auf einen der freien Stühle setzen, die wilden Tage des Viertels sind lange vorbei. Besonders zu empfehlen ist das schicke, österreichische Restaurant Wallsé und die dazugehörige Bar The Upholstery Store. Ebenfalls interessant ist das im für den Meatpacking District typischen Industrielook gehaltene

The Other Room. Das findet man, wenn man von der Washington in die Perry Street abbiegt und Richtung Greenwich Village weiterläuft.

Auf dem kurzen Weg von der Perry zur Hudson Street lohnt es sich vor allem einen Blick in die Aria Wine Bar oder das Spasso zu werfen. Beide sind ganz verliebt in die italienische Küche und die Weine aus Bella Italia. Die Aria Wine Bar konzentriert sich allerdings auf das flüssige Vergnügen und bietet lediglich kleine, italienisch inspirierte Häppchen zum kräftigen Roten oder fruchtigen Weißen. Die Einrichtung ist entspannt, rustikal mit hell gefliester Theke, offenen Bruchsteinwänden, groben, kleinen Holztischen und vielen dicken, cremefarbenen Kerzen. Im hinteren Bereich hängen saftige Schinken von der Decke, knuspriges Ciabatta und bunte Antipasti stehen auf dem Tresen. Das Einzige was an das rot-weiß-Klischee des großen Vorbildes erinnert, sind die Servietten. Die Mischung der Gäste ist entspannt: Hier kommen Nachbarn, Manager oder Touristen auf ein Glas Wein zusammen.

Das Spasso dagegen ist eher an den kulinarischen Köstlichkeiten aus Toskana, Valpolicella und Co. interessiert. Das Ambiente ist edler, aber auch hier ist die lockere Atmosphäre des Dolce Vita spürbar.

An der Hudson Street angekommen geht es erst links rein und dann direkt wieder rechts, am Bleecker Playground vorbei und auf die Marc by Marc Jacobs Boutique und die Magnolia Bakery zu. Beide sind immer einen Besuch wert. Marc Jacobs macht lässige, urbane Kleidung, die aber nicht ganz günstig ist. Wer sich trotzdem hineintraut, wird mit freundlichen, wenn auch sehr hippen Verkäufern und dem einen oder anderen bezahlbaren Accessoire belohnt. Wen das schon happy macht, der sollte unbedingt in die Magnolia Bakery gegenüber gehen. Hier gibt es schlicht die leckersten Backwaren im Greenwich Village, ja vielleicht in ganz New York. Das erklärt auch die Schlange, die sich hier regelmäßig am Wochenende oder unter der Woche nachmittags bildet.

Wer seine Hüften schonen will und lieber eine intellektuelle Leckerei sucht, der geht ins Bookmarc. Der zur Marc by Marc Jacobs Boutique dazugehörige Buchladen hält nicht nur den einen oder anderen literarischen Schatz bereit, es

gibt auch exzentrische Gimmicks (ein pistolenförmiges Lineal oder einen Gra-
naten-Schraubenzieher) und eine ausgesuchte Sammlung an DVDs, vor allem
Arthouse approbierte Filme, zu entdecken. Beim Betreten des Ladens wird
man von einem überdimensionalen Auge, dessen Lid sich arrhythmisch öffnet
und schließt, begrüßt. Da hat wohl jemand den Begriff Eyecatcher etwas über-
strapaziert.

Magnolia Bakery © Miguel Marqueta

Der Fokus des Bookmarc liegt auf ‚schönen Büchern‘: Das heißt, Bildbände
rund um Fashion und Kunst, aber auch besonders ästhetisch gestaltete Titel,
warten darauf in einem besonders ansehnlichen Bücherregal ein neues Zuhause
zu finden. Den Soundtrack zur literarischen Schatzsuche liefern Easy Listen-
ing-Titel von amerikanischen Klassikern wie Let's twist again von Chubby
Checker.

95

Von jetzt an geht es die Bleecker Street Richtung Süden. Die Bleecker ist eine der Hauptstraßen des Greenwich Village, kurz auch das Village genannt. Besonders bekannt wurden beide – Bleecker und Village – im Zuge des Bohemian Lifestyle. Das Viertel gilt seit jeher als Wiege der Avantgarde, sei es einer künstlerischen, politischen oder kulturellen. Hier entstanden die ersten kleinen Verlage, Kunstgalerien und experimentellen Theater. Hier wurde der erste Buchladen für Schwule und Lesben, der Oscar Wilde Bookshop, 1967 eröffnet. Hierher zog es Exzentriker wie William Faulkner, Truman Capote und E. E. Cummings. Hier gründete Gertrude Vanderbilt Whitney ihren Whitney Studio Club, in dem junge Künstler ihre Arbeiten ausstellen konnten und der später zum berühmten Whitney Museum werden sollte. Nachdem das 1928 neu gegründete MoMA ihre Sammlung abgelehnt hatte, entschied sich Whitney ihr eigenes Museum zu eröffnen, das sich voll und ganz auf amerikanische Kunst konzentrierte. Und das tut es auch heute noch, aktuell an der Madison Avenue in der Upper East Side, bald jedoch am südlichen Ende der High Line, an der West 14th Street. Das Village ist auch heute noch beliebt bei Schauspielern und Künstlern: Julianne Moore, Uma Thurman, Sarah Jessica Parker, Anna Wintour und noch einige mehr leben in Greenwich.

Alte, meist dreistöckige Backsteinhäuser mit den berühmten kurzen Treppenaufgängen, zieren einen Großteil des Viertels. Selbst Carrie Bradshaw musste, um zu ihrem kleinen Studio zu kommen, die Stufen rauf und runter klettern. Das Haus, in dem die Kolumnistin aus Sex and the City lebte, steht übrigens nicht, wie in der Serie behauptet, in der Upper East Side, sondern im Village. Die Schauspielerin Sarah Jessica Parker lebt mit ihrer Familie in Greenwich und wollte nicht jeden Morgen nach Uptown zur Arbeit fahren. Deshalb verlegten die Serienbetreiber die Heimat von Carrie kurzerhand ins Village. Keine schlechte Entscheidung, denn Bäume säumen die Bürgersteige der Nachbarschaft und erzeugen eine unbeschwerte Atmosphäre.

Trotzdem es hier fast kleinstädtisch anmutet, finden sich entlang der Bleecker Street hinunter bis zur 6th Avenue die gleichen Design-Größen wie an der 5th Avenue. Allerdings sind die Shops hier kleiner, intimer und wesentlich entspannter. Wer hier einen Bummel macht, sollte tief in die Tasche greifen können. Es ist aber auch einfach herrlich, an den Schaufenstern vorbei zu schlendern und sich von der Frühjahrs- oder Herbstkollektion inspirieren zu lassen.

Vom exzentrisch minimalistischen Design-Labor Maison Martin Margiela, in dem alle Verkäufer passend zum Selbstverständnis weiße Laborkittel tragen, über einen der letzten echten Plattenläden, – das Rebel Rebel – der zwar leicht heruntergekommen scheint, aber voller Vinyl-Schätze steckt, bis zu Murray's Cheese, einem Käse-Feinkost-Paradies für Genießer, bietet die Bleecker eine Sammlung ausgefallener Shops, perfekt für einen Samstagnachmittagsbummel.

Einer der schönsten old-school Läden in Greenwich Village ist vielleicht Goorin Brothers, ein Hutmacher im alten Stil. Die Geschichte der Goorin Brüder ist eine des amerikanischen Traumes: 1895 begann Cassel Goorin, seine selbstgemachten Hüte direkt vom Pferdekarren aus zu verkaufen. Anfangs wurde noch für jeden Kopf eine Nachbildung aus Holz angefertigt, ein sogenannter Hutblock, an dem dann das Modell für den zukünftigen Träger maßgeschneidert wurde.

Goorin Brothers © Miguel Marqueta

Cassel lehrte seine beiden Söhne den Beruf des Hutmachers und 1921 war Goorin Brothers geboren. Seitdem hat sich das Unternehmen entscheidend weiterentwickelt: Die Produktpalette wurde ausgebaut, ein Umzug der Firma nach San Francisco eröffnete einen neuen Markt und beim Revival des Hutes als Accessoire in den 90er Jahren, sprang Goorin Brothers mit Modellen aus dem Firmenarchiv auf den rasenden Zug auf und stellte damit die Weichen auf Erfolg. Seit 2012 hat sich Goorin Brothers – heute steht der Ur-Ur-Urenkel von Cassel Goorin am Lenkrad – zur Aufgabe gemacht, den in die Jahre gekommenen Ladentyp des Hutmachers wieder zu beleben. Und so schießen landesweit immer mehr elegante wie mondäne Geschäfte im Stil der 20er Jahre aus dem Boden. Eines davon in der Bleecker Street, mitten in Greenwich Village. Stößt man die Tür mit der klassischen Goldschrift auf, trifft es einen sofort: Bilder von Zeitungsjungen mit Schiebermützen und Dandys mit coolen Fedoras. Rostrote Backsteinwände, eine schwarz gekachelte Decke, ein auf alt gemachter, mahagonifarbener Holzfußboden, glitzernde Kristallüster und viel, viel oxidierter Stahl geben dem Laden Charakter und man wähnt sich ins New York der Roaring Twenties zurück versetzt. Das Ich! Will! Sofort! Einen! Hut!- Gefühl beschleicht nicht Wenige und zeugt vom erfolgreichen neuen bzw. alten Konzept der Goorin Brothers.

Zurück im NY des 21. Jahrhunderts, geht es weiter auf der Bleecker Street. Nachdem man die 7th Avenue überquert hat, kommt man in einen der kulinarisch vielfältigeren Bereiche: Mit Murray's Cheese und Amy's Bread hat das Viertel zwei der besten Geschäfte, die noch in handwerklicher Tradition ihrer Leidenschaft für Lebensmittel nachgehen.

Murray's verkauft seit 1940 Käse im Greenwich Village. In den 90er Jahren kaufte Rob Kaufelt die Käserei und expandierte einerseits und lenkte andererseits wieder zurück zu altbewährten Techniken. Durch Kaufelt ist Murray's Cheese viel mehr als nur ein Käseladen. Heute gibt es hier alles, was den feinen Geschmack des Milchproduktes unterstützt und was zu einer richtig guten Brotzeit einfach dazu gehört. Öle, Honig, Essig, Wein und vieles mehr. Kaufelt baute auch die Keller unter dem Laden aus und errichtete direkt unter der Bleecker Street den ersten Käse-Keller in NYC. Dort können frisch eingekaufte

Waren aus aller Welt weiter lagern, bis sie ihren perfekten Reifegrad erreicht haben. Dann erst kommen sie in die gläsernen Ausstellungsvitrinen von Murray's Cheese und auf den Teller in Murray's Cheese Bar. Seit 2012 begleitet das Restaurant den Feinkostladen. Neben verschiedenen Käseplatten kann man auch Hauptgerichte und Vorspeisen wie Mac 'n' Cheese, Grilled Cheese Sandwiches oder Cheese-Burger bestellen. Das Ambiente passt zum Essen: Heller Holzfußboden, weiß gekachelte Wände und hölzerne Bistrotischchen bieten einen entspannten Rahmen für die 20 bestellbaren Klassiker und Exoten. Farbliche Akzente setzen die roten Stühle und die buntbeschriebene Tafel über der Bar.

Streetart-Künstler im *Washington Square Park* © Natalie Wichmann

Wer nach der Schlemmerei noch einen kleinen Abendspaziergang machen will, läuft am besten die 6th Avenue rauf bis es rechts in den Washington Place geht.

Nach nur einem Block steht man am westlichen Eingang des Washington Square Park, dem idealen Ort, um einen langen, aufregenden Spaziergang ausklingen zu lassen. Ein Saxophonist spielt in der untergehenden Sonne eine melodische Sonate, die an verrauchte Jazz-Clubs in Harlem erinnert, und RicKy Syers, begnadeter Puppenspieler und Entertainer, lässt Mr. Stix, einen seiner liebsten Charaktere, tanzen, hüpfen, niesen oder einen kräftigen Schluck aus seiner Flasche mit ‚Moonshine‘, einem hochprozentigen Schnaps, trinken. Einfach einer der besten Orte in NYC!

Highlights Chelsea & Greenwich

1) Chelsea Hotel

222 West 23rd Street, Manhattan, NY

Website: www.hotelchelsea.com/

2) High Line

Website: www.thehighline.org/

3) Diane von Fürstenberg Showroom und Wohnwürfel

874 Washington Street, Manhattan, NY

Website: www.dvf.com

4) Ausblick auf die Freiheitsstatue

5) Standard Hotel

848 Washington Street, Manhattan, NY

Website: www.standardhotels.com/high-line

6) Chelsea Market

75 9th Avenue, Manhattan, NY

Website: www.chelseamarket.com

7) Wallsé

344 W 11th Street, Manhattan, NY

Website: www.kg-ny.com/wallse

8) The Upholstery Store

713 Washington Street, Manhattan, NY

Website: www.kg-ny.com/the-upholstery-store

9) Aria Wine Bar

117 Perry Street, Manhattan, NY

10) Spasso

551 Hudson Street, Manhattan, NY

Website: www.spassonyc.com

11) Marc by Marc Jacobs

403 Bleecker Street, Manhattan, NY

Website: www.marcjacobs.com

12) Bookmarc

400 Bleecker Street, Manhattan, NY

Website: www.marcjacobs.com

13) Magnolia Bakery

401 Bleecker Street, Manhattan, NY

Website: www.magnoliabakery.com

14) Goorin Brothers

337 Bleecker Street, Manhattan, NY

Website: www.goorin.com

15) Murray's Cheese

254 Bleecker Street, Manhattan, NY

Website: www.murrayscheese.com

16) Murray's Cheese Bar

264 Bleecker Street, Manhattan, NY

Website: www.murrayscheesebar.com

17) Washington Square Park

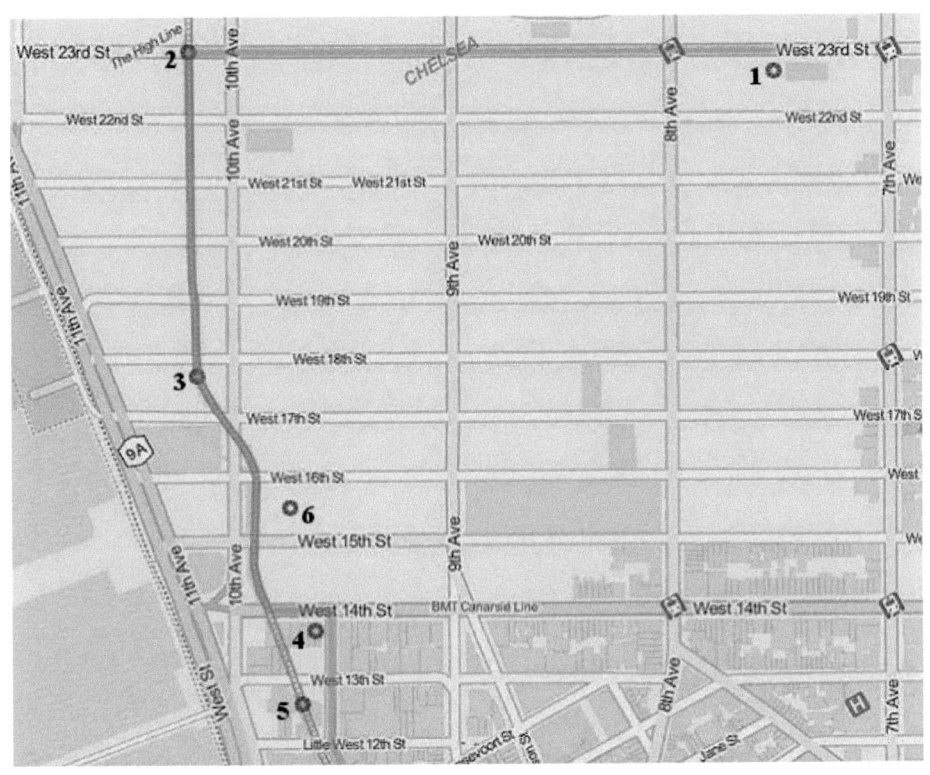

Chelsea 1 © OpenStreetMap.org contributors

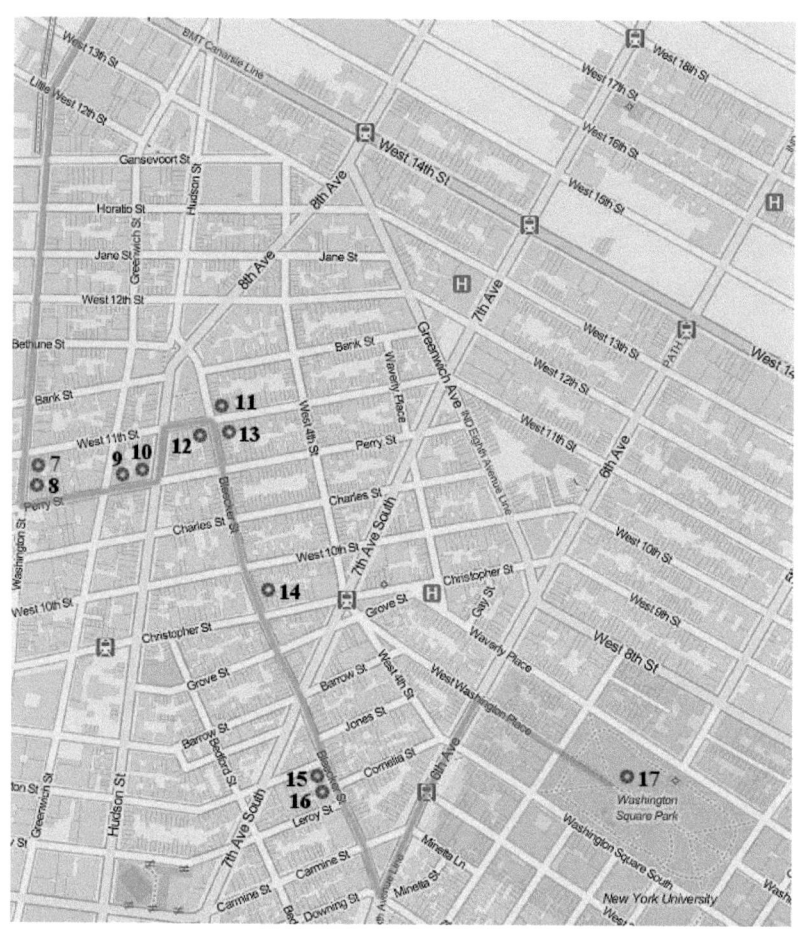

Chelsea 2 © OpenStreetMap.org contributors

Union Square & Flatiron District

The true New Yorker secretly believes that people living anywhere else have to be, in some sense, kidding. – **John Updike**

Union Square © Miguel Marqueta

Morgens ist es ruhig im *Washington Square Park*. Normalerweise ist hier immer etwas los: Kinder wuseln im Brunnen der *Washington Square Fountain*, Musiker spielen auf Saxophon, Klavier oder Trompete, der ‚Bubbleman' produziert riesige Seifenblasen, eine Tanzgruppe performt einen Mix aus Street Style, Ballett und Modern Dance, Hunde jagen sich in den zwei großen *Dog Runs* und über allem schwebt ein Gewirr aus Stimmen der umher spazierenden oder einfach auf den Rasenflächen entspannenden Menschenmenge. Morgens ist das anders, allein deswegen lohnt es sich, einmal früh aufzustehen und diesen geschichtsträchtigen Ort zu besuchen.

Das Land, auf dem der Park entstanden ist, hat schon alles gesehen: Es war Ackerland für die Ureinwohner, Farmland für die Holländer, Bewirtschaftungsfläche für die Sklaven, ein Friedhof für Unbekannte – über 20.000 Menschen liegen unter dem *Washington Square Park* begraben – ein Paradeplatz für die *Washington Military Parade* und seit 1827 ein öffentlicher Park. 1870 gestalteten M.A. Kellogg und I. A. Pilat das Parkgelände in seiner heutigen Form.

Der Bubbleman im *Washington Square Park* © Natalie Wichmann

Der Triumphbogen am nördlichen Eingang kam im Jahr 1889 zuerst in hölzerner Version und 1892 in der aktuellen marmornen Variante hinzu. Die knapp 40.000 m², die der Park umfasst, waren schon immer Mittelpunkt der ‚Szene‘ in *Greenwich Village*. Hier traf sich die Avantgarde, seien es die Hippies, die Beatniks oder die Folk-Sänger. Der *Washington Square Park* ist schon immer das urbane Epizentrum für Exzentriker gewesen. Deshalb spielt er auch in vielen Büchern (z.B. in denen von Jack Kerouac, Allen Ginsberg, William S. Burroughs oder Truman Capote) und Filmen eine zentrale Rolle. Die Park-Anwohner haben eine besondere Beziehung zu ihrem grünen Wohnzimmer: Sie kommen, um die breit angelegten Wege zu bevölkern, um Schach zu spielen – an den fest eingebauten Schachtischen hat schon Stanley Kubrick seine Figuren gezogen – um Picknicks zu veranstalten oder einfach, um ein Buch zu lesen. Der Park ist, anders als der *Central Park,* weniger frequentiert von Touristen. Er wird vorwiegend von Einheimischen, eben echten New Yorkern, genutzt.

Seit den 1830er Jahren ist das Areal rund um die Grünanlage eine beliebte Wohngegend. Damals zogen die reichen Bürger von Manhattan dort hinaus, – der *Washington Square* lag damals am Rande der Stadt – um dem Trubel und Dreck zu entkommen. Ihnen sind die stattlichen, griechisch inspirierten Herrenhäuser, die auch heute noch die Nordseite des Parks einrahmen, zu verdanken. Diese hat sich jedoch die *NYU,* die *New York University*, schon vor langer Zeit als Seminar- sowie Verwaltungsgebäude gesichert.

Washington Square Arch © Natalie Wichmann

Blickt man durch den *Washington Arch* Richtung Norden, kann man die Spitze des *Empire State Buildings* in der Ferne aufblitzen sehen. Hier beginnt die prestigeträchtige 5th Avenue. Und diese spaziert man am besten einfach ein kurzes Stück runter, biegt schließlich rechts in die East 10th Street ein und trifft an der Ecke University Place auf ein ganz besonderes Bauwerk: das ehemalige *Albert Hotel*. Seit 1887 haben namhafte Künstler wie Schriftsteller dort gelebt, geschlafen und sich inspirieren lassen. Mark Twain referierte in den frühen 1900er Jahren vor Lehrern, Thomas Wolfe modellierte sein *Hotel Leopold* aus

Of Time and the River nach dem *Albert*, Jackson Pollock und seine Freunde trafen sich in den 1940ern zum wilden Diskutieren. Nichts geht aber über die 60er Jahre, da wurde Rockgeschichte im *Albert* geschrieben. All die Großen kamen: Die *Mamas & Papas* erfanden dort ihren Hit *California Dreamin'*, *Cream* jammte im Probenkeller, Jim Morrison, Frank Zappa, Joni Mitchell und Muddy Waters fanden im Hotel zu ihrem ganz eigenen Sound. Heute ist das *Albert Hotel* ‚nur' noch ein ganz normaler Appartementkomplex, seine Geschichte jedoch ist und bleibt legendär.

Den University Place weiter in Richtung Norden liegt nicht weit entfernt das *Japonica*, ein ganz besonderes japanisches Restaurant. Der *New Yorker*, das *NY Magazine* sowie die *New York Times* sind sich einig: Hier gibt es mit Abstand das beste Sushi der Stadt. Die traditionell japanische Einrichtung – dunkle Hölzer, Kirschblütenzweige und weiße Papierlampen – wirkt auf den ersten Moment vielleicht etwas old-school, die Schlange vor der Tür nach 18.30 Uhr abends sagt einem aber noch vor Betreten des Lokals, dass es hier etwas Gutes geben muss. Seit 1978 – für ein Restaurant auf Manhattan ein stolzes Alter – serviert das *Japonica* japanische Küche vom Feinsten. Doch nicht nur aufgrund des Sushis ist es einen Besuch wert, auch das Tempuragemüse und ganz besonders die feinen Dumplings sind absolut köstlich. Wer in der Nähe ist und Hunger hat, sollte definitiv hier vorbeischauen.

Von hier aus geht es die East 12th Street hinunter bis zum Broadway. An dieser Kreuzung befindet sich der *Strand Book Store*, eines der letzten inhabergeführten Buchmekkas von New York. Mit seinen über 2,5 Millionen neuen, gebrauchten und raren Büchern, ist der *Strand* seit 1927 eine Institution. Da gründete nämlich Ben Bass im zarten Alter von 25 Jahren und einem Eigenkapital von 300 Dollar eine der ersten Buchhandlungen, die auch gebrauchte Titel verkaufte. In den letzten 86 Jahren stand dabei immer die Liebe zur Literatur im Vordergrund. Und das spürt man, wenn man die heiligen Hallen des *Strand Book Stores* betritt. Umgeben von Hunderten, ja Tausenden von Büchern schlägt das Herz des Literaturliebhabers direkt drei Takte schneller. Sie stehen in meterhohen Regalen, sie liegen auf unzähligen Tischen, sie sind gruppiert nach Empfehlungen vom Personal, nach Genre, nach verbotenen Büchern und mehr. Es gibt eine riesige Kochbuchabteilung, eine Klassiker-Ecke, einen wunderschönen, überbordenden Bereich für Kunst und Fotografie. Hier kann selbst der Vielleser Stunden, ja Tage verbringen, ohne das Ende auch nur zu erhaschen. Hier wollen Leseratten eingesperrt, ja hier wollen Bibliophile im Bücher-Rausch begraben werden.

Und das Beste: Durch die Kombination aus neuen und gebrauchten Titeln, kann man selbst mit begrenztem Budget wertvolle Schätze heben. Man muss sie allerdings erst einmal in der schieren Masse an Titeln finden. Das geht sogar schon, bevor man den Laden überhaupt betritt: Draußen vor dem *Strand Book Store* stehen seine berühmten Karren, auf denen sich jede Menge gebrauchte Titel, meist für unter 3,00 Dollar, stapeln. Wer Zeit und Lust hat, wühlt sich mal ein bisschen durch, es lohnt sich!

Strand Book Store © Miguel Marqueta

Direkt neben dem *Strand Book Store* ist ein literarisches Nirvana der etwas anderen Art: Im *Forbidden Planet* gibt es kaum einen Comic, den es nicht gibt. Spätestens seit *The Big Bang Theory* ist es nicht mehr nur Nerds vorbehalten, in einen Comicladen zu gehen. Und der *Forbidden Planet* ist einer der Besten seiner Art. Von den klassischen Superhelden über die witzigsten Cartoons bis zu den in den letzten Jahren immer mehr gefragten Graphic Novels gibt es hier wirklich alles. Die Mitarbeiter sind Comic-Cracks, die ihre Hausaufgaben gemacht haben. Ein Geschenk für den 13-jährigen Neffen? Kein Problem! Nach der vierten oder fünften Empfehlung muss man den freundlichen Verkäufer stoppen. Er ist so in seinem Element, dass er gar nicht gemerkt hat, dass man längst hat, was man wollte. Die Mitarbeiter des *Forbidden Planet* sind mit vollem Eifer und grenzenloser Leidenschaft bei der Sache.

Kann man sich endlich von *Batman, Calvin & Hobbes* und *Maus* trennen, geht es weiter den Broadway hinauf bis zum *Union Square*, einem der beliebtesten Versammlungsorte der New Yorker seit den 1860er Jahren. Der Square entstand einst dort, wo Broadway und Bowery (heute die 4th Avenue), damals die zwei bedeutendsten Handelsstraßen, sich trafen. Da aufgrund der dreieckigen Fläche eine Bebauung des Geländes als schwierig erachtet wurde, beschloss 1811 der zuständige Commissioner der Stadtplanung, den Raum frei zu lassen und zu einem für alle zugänglichen Platz zu machen. Zu seiner heutigen Form fand dieser allerdings erst, nachdem sich Frederick L. Olmsted und Calvert Vaux (ja, auch hier haben die beiden Landschaftsdesigner des *Central Park* mitgemischt) 1872 seiner annahmen und ihn nach ihren Vorstellungen als eine Art Lichtung gestalteten.

Für die New Yorker war der *Union Square* schon immer ein guter Ort für Versammlungen, Demonstrationen oder sonstige Zusammenkünfte. 1882 startete hier die erste *Labor Day Parade,* bei der über 10.000 Arbeiter mitmarschierten. Nach den Anschlägen vom 11. September 2001 kamen die Menschen hierher, um zusammen zu trauern und sich Beistand zu leisten.

In den Sommermonaten ist es einfach herrlich sich auf die parkeigenen grünen Metallstühle zu setzen und sich an einem improvisierten Picknick mitten in der Stadt zu erfreuen. Eine Auswahl an herzhaften Sandwiches und Salaten gibt es zum Beispiel im *Prêt a Manger* am nordwestlichen Ausgang des Parks. Der *Union Square* ist der Multikulti-Park von Manhattan: Am Nordeingang spielen konzentriert dreinblickende Menschen Schach, eine Breakdance-Gruppe wärmt sich für ihren nächsten Auftritt auf, eine Hare Krishna-Versammlung leiert ein monotones Lied nach dem anderen herunter, eine Handleserin sitzt zu den Füßen der 1986 aufgestellten Gandhi-Statue und liest einem Yuppie in feinem, anthrazitfarbenen Zwirn aus der Hand. Und das alles auf engstem Raum, friedlich nebeneinander.

Seit 1976 findet hier auch ein riesiger Wochenmarkt, der *Union Square Greenmarket,* statt. Dieser erlaubt es lokalen Bauern, ihre Waren an den NYer zu bringen. Im Winter weicht der Greenmarket ein wenig zurück und macht Platz für den Weihnachtsmarkt, der von November bis Dezember stattfindet. Da wird dann vor allem Kunsthandwerk verkauft, aber auch der eine oder andere 'German Gluehwein' ausgeschenkt.

Union Square © Miguel Marqueta

Weiter geht es den Broadway rauf nach Norden, hier reiht sich Designshop an Designshop. Einer der günstigeren, trotzdem jedoch mit den gefragten Mid-Century-Möbeln ausgestatteten Läden, ist das *Sit Down*. Ein schmaler, langer Laden vollgestopft mit Sofas, Stühlen, Tischen, Betten, Lampen, Schränken und mehr. Hier findet jeder etwas, sei es eine *Hang it all*-Garderobe von Ray und Charles Eames aus den 50er, ein *LC2*-Sessel von Le Corbusier aus den 20er Jahren oder ein brandneues, zeitgenössisches Design. Das freundliche Personal ist hilfsbereit, kennt sich aus und hat auch nichts gegen einen kleinen Plausch unter Designliebhabern.

Schräg gegenüber ist der *ABC Store*. Über sechs Stockwerke wird hier Design auf allerhöchstem Niveau präsentiert; das beinhaltet sowohl die Klassiker als auch das Neuste vom Neusten. Angefangen mit einem hinreißenden Accessoires-Bereich im Erdgeschoss: Dort versammelt sich einzigartiges Geschirr – häufig ist jedes Stück ein Unikat – zarter Schmuck, edle Kissen, bunte Teppiche und vieles mehr. Man kann in diesem Wunderland sogar den kulinarischen Freuden frönen: Mitten im schicksten Mobiliar, dass die Szene zur Zeit zu bieten hat, zaubert Michelin-Chef Jean-Georges Vongerichten (kein Witz) herrliche Haute Cuisine – alles natürlich nur Bio! Der *ABC Store* ist ein fantastischer, fast märchenhafter Ort für Fans von modernem Design, allerdings auch nicht ganz billig.

Ein ganz anderes Highlight für Geschirr, Küchenutensilien und mehr ist das *Fishs Eddy*. Auf einem Trip nach Upstate NY und der Suche nach einer Geschäftsidee sowie einem Abenteuer, fanden die Eigner eine verfallene Scheune voll mit altem, bei einem Brand zwar stark verrußten, aber nicht beschädigten Geschirr. Um diesen Schatz zu heben, verhandelten sie hart mit dem Eigentümer der Scheune und fuhren am Ende selig mit all den Tellern, Tassen, dem Besteck und was es sonst noch gab zurück nach Manhattan. Soweit die Legende. Was in jedem Fall sicher ist, ist dass *Fishs Eddy* seit 1986 gebrauchtes Geschirr, das von Hotels, Universitäten, Privathaushalten und anderen aussortiert wurde, verkauft. Man fühlt sich beim Betreten direkt wohl, richtig heimisch. Und die Verheißung ist glorreich: Wenn man will, kann man sich für 20 Dollar ein komplettes Service zusammensuchen.

Die meisten Dinge hier haben eine Geschichte: Sei es der Teller, den die *Columbia University* nicht mehr braucht und von dem vielleicht schon Barack Obama in der Mensa gegessen hat oder ein Zuckerdöschen, dessen Herkunft nicht mehr nachvollzogen werden kann. Es gibt *Wedgewood*-Messer und Hotelgläser, die wesentlich mehr aushalten als normale Gläser. Hier wird der Besucher schnell selbst zum Schatzsucher und geht – nicht ohne vom freundlichen Verkäufer gefragt worden zu sein, ob er alles gefunden hat, was er sucht (Antwort: „Ja, und noch viel mehr!") – glücklich und zufrieden mit seinen neu errungenen Kleinoden nach Hause. Wer für längere Zeit in New York ist, sollte sich sein günstiges IKEA-Geschirr mit dem einen oder anderen Stück von *Fishs Eddy* aufpeppen. Das fühlt sich direkt mehr nach zu Hause und weniger nach Möbelhaus an.

Etwas ganz Besonderes, selbst in der Stadt, in der es alles gibt, ist *Beecher's Handmade Cheese*. 2002 von Kurt Beecher Dammeier in Seattle gegründet, stellt er seit 2011 auch in New York seine handgemachten Spezialitäten her. Wer wissen will, wie es geht, der biegt in die East 20th Street rechts ein und schaut den Mitarbeitern bei der Herstellung von Käselaiben so groß wie Autoreifen zu.

Dammeier hatte eine Vision: Er wollte Käse wieder ganz nach alter Tradition von Hand herstellen; mit der besten Milch, die er bekommen konnte. Er schloss sich letztendlich mit lokalen Bauern zusammen, in Seattle mit einem aus Washington, in New York mit einem aus Albany. Diese konnten gewährleisten, dass ihre Kühe ausschließlich gesundes Futter bekamen und keinerlei Antibiotika im Blut hatten, während sie gemolken wurden. Von seinem Produkt sagt Dammeier: „It's just authentic, original, full-flavored food, handcrafted in traditional ways with the freshest ingredients available." („Wir machen authentisches, echtes Essen mit vollmundigem Geschmack, das in traditioneller Weise handgemacht wird mit den frischesten Zutaten, die wir bekommen können.")

Die New Yorker Filiale besitzt neben der Käserei ein Café und ein Restaurant im eigenen Käsekeller. Dort kann man verschiedene Aufschnittplatten sowie ein vom hauseigenen Käse inspiriertes Menü genießen. All der Aufwand lohnt sich, das Endprodukt ist teuer, aber dafür beispiellos in NYC. Im Shop sind überall kleine Probierstationen, die man sich nicht entgehen lassen sollte. Der *Flagship-Käse* zergeht förmlich auf der Zunge und schmeckt nach frischem Gras, dem blauen Himmel und sehr, sehr viel Liebe.

Im *Flatiron District* gibt es nicht nur herausragendes Design und einzigartigen Käse, hier befinden sich auch einige der beliebtesten Bars und Restaurants von Manhattan. Sowohl die Straßen rund um das *Flatiron Building,* als auch die Gegend um den *Union Square* sind beliebte Ausgehviertel. Hier treffen sich mondäne New Yorker auf einen Cocktail in der *Barbounia*, trinken ein Glas Schampus in der *Gramercy Tavern* oder essen frisches Sushi im stylischen *SushiSamba*. Am Wochenende lohnt sich auch ein Brunch-Ausflug ins *Mari Vanna*, ein russisches Bistro in bezaubernd viktorianischem Stil.

Die *Gramercy Tavern* ist eine NYer Institution. Seit 1994 wird hier zeitgenössisch, amerikanisch gekocht. Dabei kann man sich aussuchen, wie schick es denn sein darf. Wer Lust auf einen Drink hat, kann sich in den vorderen Bereich, die *Tavern*, setzen. Hier wird zwar auch à la carte serviert, aber die Speisekarte ist ein wenig ausgedünnt und die Atmosphäre etwas gediegener. Richtig edel ist es dagegen im diskret abgetrennten *Dining Room*, hier können Prix Fix- und Tasting-Menüs in ruhigem, intimem Ambiente genossen werden. Das Restaurant legt viel Wert auf saisonale Küche und bietet Vegetariern ein Sechs-Gänge-Menü. Trotz der vielen fleischfreien Alternativen auf den meisten Speisekarten von New York, ist ein komplettes, abgestimmtes Dinner schon etwas Besonderes.

Etwas lauter und bunter geht es in der *Barbounia* zu. Seit 2006 bietet das Restaurant seinen Gästen mediterrane Küche, leckere Cocktails – mit frischem Bio-Obst und Gemüse zubereitet – und eine vibrierende Atmosphäre im komplett offen gestalteten Raum. Denn voll ist es hier fast immer. Wer Lust auf viele Leute und ausgelassene Stimmung hat, ist in der *Barbounia* richtig.

Wem der Sinn eher nach einer etwas raffinierteren Ausgehmöglichkeit steht, der sollte es im *SushiSamba* um die Ecke probieren. Hier schritt schon Samantha Jones, die leicht nymphomanisch veranlagte der vier Damen aus *Sex*

and the City, im hautengen, nudefarbenen Schlauchkleid durch die Tischrei-
hen, um ihrem treulosen Boyfriend einen Drink ins Gesicht zu kippen mit den
einmaligen, unvergessenen Worten: „Dirty Martini? Dirty Bastard!"

Flatiron Building © Miguel Marqueta

Das *SushiSamba* hat allerdings mehr zu bieten, als die Kulisse für eine DER
Fernsehserien der 90er Jahre. Das Essen ist inspiriert und kreativ: Seit 1999
wird hier eine Mischung aus japanischer, peruanischer und brasilianischer

Küche serviert. Es gibt Sushi, klar, aber mit dem gewissen Etwas. Die Straßenfront des Restaurants erinnert an ein Werk von Piet Mondrian mit ihren großflächigen, in den Grundfarben rot, gelb, blau gehaltenen Fensterquadraten. Bei der Inneneinrichtung ist ebenfalls viel Wert auf Farbe und Licht gelegt worden. Die Palette bedient sich vor allem an den Facetten des brasilianischen Karnevals: Ein knalliges Mango, ein sattes Rot sowie Limettengrün und Gold. Die Decke ist mit einer Blätter-imitierenden, gewölbten Stahlkonstruktion abgehängt, durch deren Löcher rotes Licht in den Essbereich dringt. Die Gäste sitzen sehr privat in kleinen abgetrennten Nischen. Für ein heißes Date genau der richtige Ort!

Vintageweiß bis pastellrosa dagegen sind die Farben des opulent eingerichteten *Mari Vanna*. Wie auch in seinen Vorgängern aus Moskau und St. Petersburg, gibt es hier russische Köstlichkeiten auf feinem Porzellan. Kristalllüster erleuchten sanft die viktorianisch anmutende Szenerie. Von den Wänden blättern, kunstvoll arrangiert, die Tapeten und Stuck verziert die Decke. Bücherregale vollgestopft mit russischer Literatur reihen sich aneinander, im hinteren Bereich steht ein authentischer, schwarzer Holz-Ofen, bereit die Gäste im Winter mit wohliger Wärme zu verwöhnen. Beinahe erwartet man, Anna Karenina mit ihrem tragischen Geliebten Vronsky durch die Tür kommen zu sehen, um eine Borschtsch, ein Bœuf Stroganoff oder ein bisschen hochwertigen Kaviar – den gibt es aus dem *Petrossian* – zu genießen. Zu all dem bietet das *Mari Vanna* natürlich den obligatorischen Wodka. 70 verschiedene Sorten plus einige parfümierte Varianten, mit denen auch Spezial-Cocktails zubereitet werden, begleiten das Menü. Einen amerikanischen Akzent hat sich das Bistro dann aber doch zugelegt: Seit kurzem gibt es hier auch Brunch. Mit typisch russischen Frühstücksgerichten und dem Personal verkleidet als Märchenfiguren.

Zurück auf dem Broadway geht es weiter Richtung Norden. Das *Empire State Building* kommt immer näher und ehe man sich versieht, steht man neben bzw. vor dem *Flatiron Building* – leicht läuft man daran vorbei, weil es im ersten Augenblick nur ein weiteres Riesenhaus in dieser Stadt voller Wolkenkratzer ist.

Dort wo sich Broadway und 5th Avenue treffen, steht, auf einem schmalen, dreieckigen Grundstück, eines der wichtigsten Wahrzeichen von New York City. Fertiggestellt 1902, legten es die Chicagoer Architekten Daniel Burnham und Frederick P. Dinkelberg als eine Art vertikalen Renaissance-Palazzo an. Anders als damals üblich, orientierte sich die Architektur an der griechischen Säulentechnik: Es gibt eine Basis, einen Schaft und ein Kapitell. Der Bau wurde in einem Winkel von 25° Grad angelegt und misst an der breitesten Stelle gerade mal 2 m. Ein nachträglich (1905) aufgesetztes Penthouse bringt das *Flatiron* auf 21 Stockwerke, wobei das letzte nur mit einem zweiten Spezialaufzug erreicht werden kann.

Ursprünglich als *Fuller Building* gebaut, setzte sich der Name *Flatiron* aufgrund seiner an ein flachgedrücktes Bügeleisen erinnernden Form schnell bei den Anwohnern und Nachbarn durch. Selbst Künstler entdeckten die architektonische Rarität rasch für sich und machten es zu einer fotografischen Ikone der Stadt. Alfred Stieglitz brachte den Stein mit seinem 1903 aufgenommenen Bild des Bauwerks im Schneegestöber ins Rollen. Heute ist es eines der meist fotografierten Gebäude der Staaten.

Installation von Edward Hoppers *Nighthawk* im Vorbau des *Flatiron Buildings* © Natalie Wichmann

Am nördlichen Ende wurde ein schmaler Pavillon vorgebaut, der als Ausstellungsfläche für das *Flatiron* und seine Mieter dienen sollte. Er wird bis heute zu kreativen Zwecken genutzt und kann unter anderem von Museen gemietet werden. 2013 installierte das *Whitney Museum* anlässlich ihrer Edward Hopper Ausstellung eine lebensgroße Cut-out-Nachbildung der Szenerie aus Hoppers bekanntestem Gemälde *Nighthawk*.

Heute wie damals sind die Räumlichkeiten im *Flatiron* an Kreative vermietet. Die ersten Mieter, die einzogen, waren ein Literatur- sowie ein Musikverlag, eine Versicherung und mehrere kleine Firmen. Heute haben hier die *Verlagsgruppe Holzbrink* und ihre amerikanische Tochterfirma *MacMillan* ihren Hauptsitz. 2009 kaufte eine italienische Immobilienfirma 50% Prozent des Gebäudes mit dem Ziel, ein Luxushotel der Extraklasse entstehen zu lassen.

Das muss allerdings noch mindestens zehn Jahre warten, bis die Verträge mit den jetzigen Mietern auslaufen.

Den besten Blick auf das *Flatiron Building* hat man auf dem verkehrsfreien Vorplatz, der mit Stühlen und Tischen zum Verweilen einlädt. Wem jetzt der Magen knurrt, der hat Glück: Das *Eataly*, ein italienisches Feinkostimperium, ist direkt neben dem NYer Wahrzeichen und bietet italienische Köstlichkeiten von Pasta bis Dolce. Ob man sich in einen der vielen Restaurantbereiche setzt oder sich nur ein Panino holt und draußen die Aussicht genießt, sei jedem selbst überlassen. Lohnen, soviel sei gesagt, tut sich beides! Auf 4.600 m² bietet das *Eataly* Wein, Wurst, Käse, Süßigkeiten, großartigen Kaffee und das wohl beste Eis der Stadt.

Eataly © Miguel Marqueta

Im Sommer entsteht schnell eine lange Schlange, um eine Kugel Stracciatella, Haselnuss oder Vanille zu ergattern. Als Panini zum Mitnehmen, ist das *Tonno* sehr zu empfehlen. Es wird mit speziell mariniertem Thunfisch-Filet – nicht aus der Dose! – belegt. Damit kann man sich dann entweder auf den Stühlen direkt vor dem *Flatiron* niederlassen oder man geht ein paar Schritte weiter in den *Madison Square Park,* der für seine ständig wechselnde Kunst im öffentlichen Raum bekannt ist. Einfach auf eine der Bänke setzen und für kurze Zeit die ruhige Stimmung in diesem hektischen Zentrum der Stadt auskosten. Wer sich jetzt über die lange Schlange an diesem Häuschen am südlichen Ende des Parks wundert, dem sei verraten, dass es sich dabei um das äußerst beliebte, erste *Shake Schack* von Manhattan handelt. Es gibt Leute, die darauf schwören, dass es hier die besten Burger und Pommes der Stadt gibt.

Das sind dann wahrscheinlich die, die nicht bis zum *Schnippers*, das direkt hinter dem Park, die East 23rd Street hinein liegt, gekommen sind. Denn in diesem Diner der guten, alten Tage gibt es hervorragendes, amerikanisches Fast Food im lässigen Retrolook. Gesessen wird in Nischen auf geschwungenen Holzbänken, beleuchtet von Lampen in 70er Jahre Spiegeloptik. Dieser Ort ist nichts für Schlankheitsfanatiker und Öko-Fans. Andrew und Jon Schnippers Vorstellung davon, wie der perfekte Imbiss sein sollte, sieht nämlich folgendermaßen aus: „We think happy is healthy. We think low stress is as important as low fat, and high-quality can be just as important as organic." („Wir glauben, glücklich ist gesund. Wir denken, wenig Stress ist mindestens so wichtig wie wenig Fett und hoch-qualitativ so wichtig wie öko.") Das Essen im *Schnippers* macht also nicht dünn, aber sehr, sehr glücklich. Es ist also absolut der richtige Ort, um den Tag nach einem anstrengenden Spaziergang durch den *Union Square, Flatiron District* und *Gramercy* ausklingen zu lassen.

Highlights Union Square & Flatiron District

1) Washington Square Park

2) Albert Hotel

Website: www.thehotelalbert.com

3) Japonica

90 University Place, New York, NY

Website: www.japonicanyc.com

4) Strand Book Store

828 Broadway, New York, NY

Website: www.strandbooks.com

5) Forbidden Planet

832 Broadway, New York, NY

Website: www.fpnyc.com

6) Union Square

7) Sit Down

873 Broadway, New York, NY

Website: www.sitdownny.com

8) ABC Store

888 Broadway, New York, NY

Website: www.abchome.com

9) Fishs Eddy

889 Broadway, New York, NY

Website: www.fishseddy.com

10) Beecher's Handmade Cheese

900 Broadway, New York, NY

Website: www.beechershandmadecheese.com

11) Gramercy Tavern

42 East 20th Street, New York, NY

Website: www.gramercytavern.com

12) Barbounia

250 Park Avenue S, New York, NY

Website: www.barbounia.com

13) SushiSamba

245 Park Avenue S, New York, NY

Website: www.sushisamba.com/location/new-york/nyc-park

14) Mari Vanna

41 East 20th Street, New York, NY

Website: www.marivanna.ru/ny

15) Flatiron Building

175th Avenue, New York, NY

16) Eataly

200 5th Avenue, New York, NY

Website: www.eataly.com

17) Madison Square Park

Website: www.madisonsquarepark.org

18) Schnippers

23 East 23rd Street, New York, NY Website: www.schnippers.com

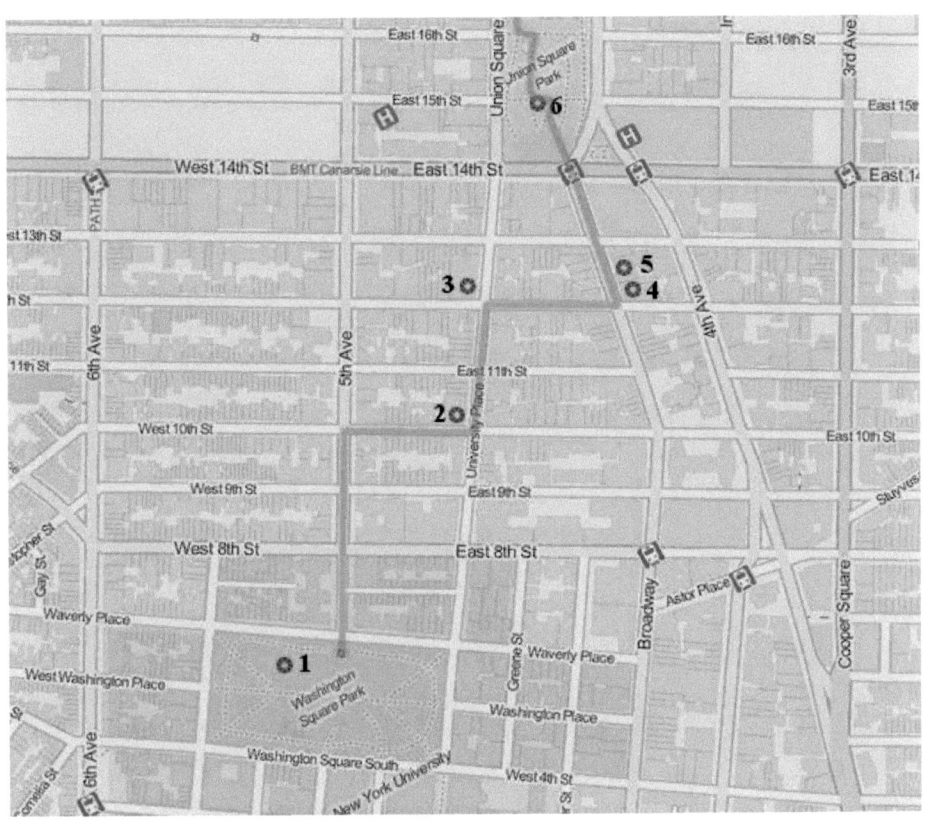

Union Square 1 © OpenStreetMap.org contributors

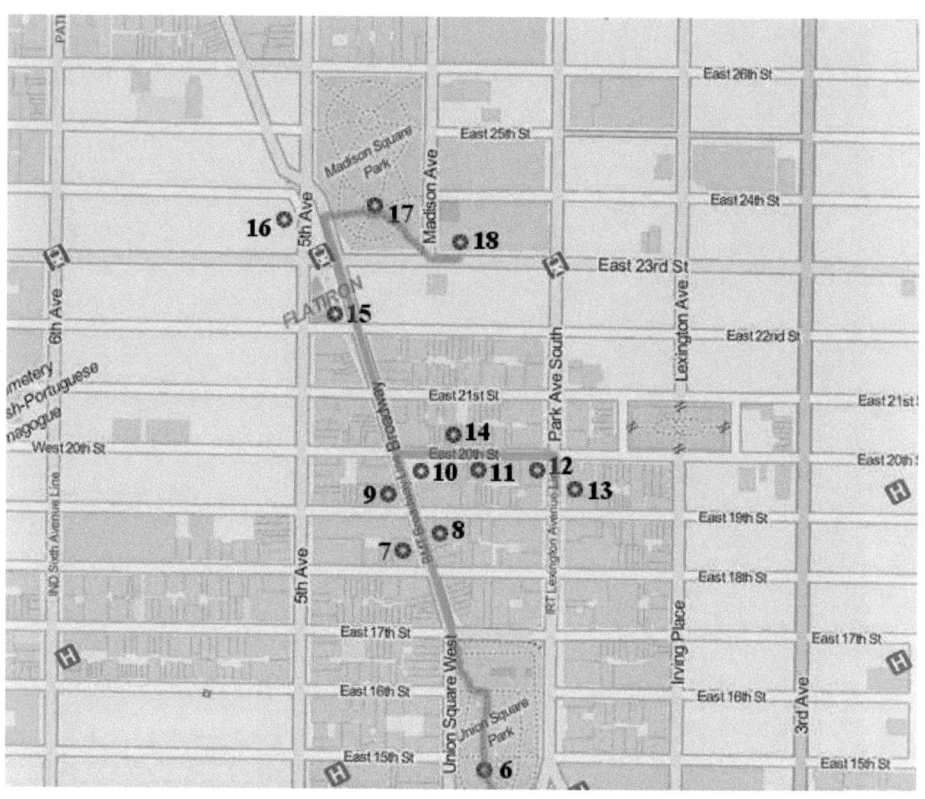

Union Square 2 © OpenStreetMap.org contributors

SoHo & NoLIta

There is something in the New York air that makes sleep useless. – **Simone de Beauvoir**

SoHo Straßenszene © Miguel Marqueta

51 km windet sich ein Grünstreifen um die Insel, genannt Manhattan. 51 km, auf denen Fahrradfahrer, Skater, Fußgänger und Jogger getrennt vom Autoverkehr spazieren und die Aussicht über die beiden Flüsse, den East River im Osten und den Hudson River im Westen, genießen können. Am Ufer des Hudson liegt zwischen der Laight und der Watts Street ein ganz besonderer Abschnitt dieses Grünstreifens: Hier wurde zwischen dem Fluss und dem Hudson River Greenway, einem breiten Fahrradweg, ein schmaler Park angelegt, den der Spaziergänger über einen Holzsteg, wie man ihn aus Dünenlandschaften kennt, entdecken kann. Hohe Gräser und Tannen, der Blick auf den Fluss und das Verschwinden der Straße hinter den Sträuchern, schnell fühlt man sich wie im Urlaub. Im Süden erhebt sich der immense Glas-Beton-Bau des neuen 1WTC (One World Trade Center) – von der richtigen Stelle aus, könnte man meinen, es steht irgendwo mitten im Wald.

Entspannt geht es am Fluss entlang bis man auf Höhe des Holland Tunnels rechts in die Spring Street, eine von SoHos Hauptstraßen, abbiegen kann. Bis zur 6th Avenue ist das Straßenbild geprägt von weitläufigen Lagerhallen und Lofts. Es gibt nur wenige Geschäfte, SoHo wirkt hier noch relativ industriell. Der ein oder andere Starbucks mischt sich allerdings auch hier schon zwischen die Gebäude, es ist also nur eine Frage der Zeit, bis auch diese Ecke des beliebten Stadtviertels von Bars, Restaurants, Boutiquen und dem Tourismus entdeckt wird.

Überquert man die 6th Avenue, landet man direkt im belebteren Teil von SoHo, kurz für South of Houston Street. Wichtig: Houston wird wie Haus-Tonn ausgesprochen, NICHT wie die Hauptstadt von Texas. Seit den 60er und 70er Jahren ist das Viertel bekannt für seine avantgardistische Kunstszene. Einer der ersten, der hier Minimal Art und Konzeptkunst praktizierte, ist der amerikanische Bildhauer Walter de Maria. Der 1935 geborene Künstler kam 1960 nach New York. Er etablierte sich schnell in der Kunstszene von Downtown, nahm an Happenings teil, eröffnete eine Galerie und stieg als Drummer in einer Indie Band ein und schnell wieder aus. Die Band hieß The Primitives und zwei seiner Bandkollegen waren Lou Reed und John Cale, Gründungsmitglieder der legendären Punkrockband The Velvet Underground.

In den späten 60er Jahren wurde der Münchner Kunsthändler und Galerist Heiner Friedrich auf De Maria aufmerksam. Er holte ihn nach Deutschland und realisierte 1968 den ersten Earth Room in seiner Galerie Heiner Friedrich. Seit diesem ersten Projekt unterstützte der deutsche Kunstliebhaber De Maria und seine groß angelegten Objekt- und Raum-Installationen. Er folgte dem Künstler sogar zurück nach New York und gründete dort 1980 eine eigene Kunst-Stiftung, die Dia Art Foundation, um Konzept-Künstler wie De Maria zu fördern und ihre Werke auszustellen. Unter seiner Leitung als erster Direktor der Stiftung entstanden vier Installationen von Walter de Maria, zwei davon befinden sich immer noch als Langzeit-Projekte in der Stadt und können besichtigt werden. The New York Earth Room und The Broken Kilometer verstecken sich in SoHo, nur der Eingeweihte weiß, wie man sie findet. The Broken Kilometer ist in einem Haus auf dem West Broadway, der von der Spring Street abgeht und für seine vielen Galerien und Ateliers auch heute noch bekannt ist, untergebracht. In der Nummer 393 liegen seit 1979 500 glatt polierte Messing-Stäbe mit einem Durchmesser von 5 cm und einer Länge von 2 m in fünf Reihen à 100 Stäbe. Die Skulptur wiegt alles in allem 18,75 t, würde man sämtliche Teilstücke hintereinander legen, bekäme man eine Gesamtlänge von genau einem Kilometer. Ein identischer Stab wurde 1977, allerdings im Ganzen, unter dem Titel The Vertical Kilometer oder auch Der vertikale Erdkilometer anlässlich der documenta 6 auf dem Kasseler Friedrichsplatz vertikal im Erdboden versenkt. Alles, was am Ende noch davon sichtbar war, ist ein 5 cm runder, sanft schimmernder Messingkreis, der auch heute noch entdeckt werden kann.

Walter De Marias zweite NYer Langzeit-Installation befindet sich in der 141 Wooster Street. Dort kann der abenteuerlustige Kunstliebhaber Mittwoch bis Sonntag von 12.00-18.00 Uhr auf einen unscheinbaren Klingelknopf drücken, die zwei Stockwerke erklimmen – vorbei an Bill Dilworth, der seit 23 Jahren für den Erhalt und die Sicherheit des Kunstwerkes im Vorraum sitzt und in seiner Zeitung liest – und schließlich vor The New York Earth Room stehen. Ein 335 m² großes Loft, gefüllt mit fast 200 m³ dunkler, lehmiger Erde, die so aufbereitet wird, dass nichts darin wachsen kann. Die Atmosphäre ist feucht und muffig, der erste Eindruck beinahe surreal. Auf den zweiten Blick wirkt das Kunstwerk fast lächerlich und auf den dritten wird einem klar, wie absolut genial es ist. Die ursprüngliche Installation wurde 1977 in der Heiner Friedrich Gallery für drei Monate ausgestellt. Friedrich konnte sich jedoch nicht von dem Werk trennen, deshalb wurde The New York Earth Room 1980, nach der Gründung der Dia Art Foundation unter der Leitung von Heiner Friedrich selbst, in der Wooster Street neu aufgebaut und für die Öffentlichkeit freigegeben.

Wer jetzt auf den Geschmack von Kunst und Design gekommen ist, der bekommt gerne noch einen Nachschlag. Es geht die Wooster Street Richtung Süden bis fast ganz ans Ende. Vorbei am Leslie-Lohman Museum of Gay and Lesbian Art befinden sich zwei Institutionen für moderne Klassiker: Die Republik of Fritz Hansen und das Swiss Institute of Contemporary Art. 2010 entschied man sich bei Fritz Hansen, vor allem wegen der andauernden Anfrage von Designern und Innenarchitekten aus New York City, einen Laden zu eröffnen und erstmals die Brücke zum Endkunden zu schlagen. Das Geschäft ist ein Mekka für zeitloses Mid-Century-Design: Beliebte Möbelstücke, wie die von Arne Jacobsen aus den 30er Jahren – zum Beispiel der Egg Chair, Swan Chair oder Ant Stool – können nicht nur bestaunt werden, wie in jedem Design-Museum von New York bis Berlin, sondern man kann sie direkt für die eigenen vier Wände kaufen.

Swiss Institut of Contemporary Art © Miguel Marqueta

Das Swiss Institute of Contemporary Art, kurz SI, liegt direkt neben dem skandinavischen Design-Tempel und zeigt zeitgenössische Kunst aus der Schweiz. 1986 gegründet, war es zuerst in den Räumlichkeiten des Swiss Townhouses untergebracht und wurde anfangs ausschließlich von freiwilligen Helfern geführt. In den frühen 90er Jahren gab es immer mehr finanzielle Förderung, die es letztendlich ermöglichte einen autonomen Ausstellungsraum in SoHo zu beziehen. Seit 2011 residiert das SI in der Wooster Street in einer Art überdimensionaler Garage. Silbrig gestrichene Backsteine umrahmen das riesige, nach oben wegschiebbare Eingangstor, das durch diverse Fenster Einblick in das Institut bietet. Hauptausstellungsfläche ist ein minimalistisch gestalteter, weiter Raum im hinteren Bereich des Gebäudes, der genügend Tageslicht durch die Deckenfenster erhält. Grauer Fußboden und weiß gekalkte Wände bieten die perfekte, neutrale Leinwand für die hervorragend kuratierte Kunst aus der Schweiz und dem deutschsprachigen Raum. Der Eintritt in das Institut ist kostenfrei und lohnt sich definitiv. Ob vor oder nach einem anstrengenden Shoppingmarathon in SoHo, hier kann man die Batterien wieder aufladen. Das SI bietet vor allem eins: Ruhe. Die Mitarbeiter sind hilfsbereit, drängen sich aber nicht auf. Man kann einfach frei durch die aktuelle Ausstellung streifen, sich ein wenig Zeit nehmen und die moderne Kunst genießen. Anschließend kann man sich mit frischer Kraft und Elan in das Getümmel von SoHo werfen, immer im Hinterkopf, dass es hier eine kreative Oase gibt, in die man zurückkehren kann.

Von der Wooster geht es – rauf zur Grand Street, dort rechts und dann direkt die nächste links – weiter in die Greene Street. Auf dem Weg dorthin fällt einem immer wieder die außergewöhnliche Architektur ins Auge: Viele der zwischen fünf und sechs Stockwerke hohen Häuser sehen aus wie aus unzähligen schmalen Säulen zusammengesetzt. Jedes Stockwerk hat seine eigene Reihe Pilaster, dazwischen jede Menge Fenster.

Die Bauten von SoHo stammen aus einer Zeit (zwischen 1840 und 1880), in der man das Cast Iron, das Gusseisen, für den Häuserbau entdeckte. In einem von New Yorks beliebtesten Shoppingvierteln stehen die meisten Bauten der Cast Iron-Ära, über 250 an der Zahl. Anfangs wurde es nur verwendet, um Gebäude, die dem Verfall anheim zu fallen drohten, äußerlich wieder aufzupolieren und so attraktiver für potentielle Mieter zu machen. Am Ende baute man ganze Häuser aus diesem Material, da die Bauzeit mit vier Monaten zur damaligen Zeit einfach unschlagbar war. Farblich hielt man sich meist an gedeckte Töne: beige, dunkelgrün, grau. Die Farben sollten an Stein erinnern und damit das Wohnhaus aufwerten.

Die Stabilität des Werkstoffes ermöglichte es erstmals, viele, viele Fenster einzusetzen und damit Licht in die ansonsten sehr tristen Industriegebäude von SoHo zu bringen. So entstanden die heute so beliebten Lofts des Viertels. Als Erste entdeckten das Künstler in den 60er Jahren für sich. Die Mieten waren niedrig, da die alten Fabrikhallen eigentlich nicht zum Wohnen gedacht waren. Sie hatten aber den händeringend benötigten, direkten Lichteinfall und so richteten sich die Kreativen hier häuslich ein. Erst seit 2005 sind die weitläufigen, offenen Räumlichkeiten offiziell von der Stadt als Wohnraum zugelassen und erfreuen sich bei den Reichen und Berühmten uneingeschränkter Beliebtheit.

Viele der Lofts sind allerdings immer noch in einem schlechten, leicht verwitterten Zustand und geben damit dem Viertel einen leicht abgerissenen, definitiv extrem coolen Look.

SoHo Straßenszene © Miguel Marqueta

Jede der kleinen Seitenstraßen beherbergt Ateliers und Showrooms von Designern wie Stella McCartney, Phillip Lim 3.1, Jil Stuart und vielen mehr, die die zentrale Lage und das lässige, vermögende Publikum zu schätzen wissen.

Showroom *Jonathan Adler* © Miguel Marqueta

Einer von ihnen ist Jonathan Adler. Er ist mit seinem Laden frisch in die 53 Greene Street gezogen und stellt hier nun seinen eigenwilligen, eklektischen Stil aus. Seinen ersten Shop, nachdem er 1994 Barney's von seiner Keramik-Kollektion überzeugen konnte, lancierte er 1998 ebenfalls in SoHo. Sein buntes, fröhliches Design – meist mit einem schlüpfrigen Detail – begeistert heute Menschen auf der ganzen Welt; zu seinem ersten Geschäft kamen 25 weitere, über den gesamten Globus verteilt, hinzu. Er richtete im Auftrag von Mattel ein echtes Barbie-Traumhaus zum 50. Geburtstag der kultigen Plastikpuppe ein und startete eine Kooperation mit dem großen Modelabel Lacoste.

Die Greene Street weiter rauf geht es nach kurzer Zeit wieder rechts in die Spring Street. Direkt an dieser Ecke findet sich ein Shop der ganz besonderen Art: der The Evolution Store. Zwei Stockwerke sind hier seit 1993 bis unter die Decke mit Reptilienskeletten, Haifisch-Gebissen, Fossilien, Schrumpfköpfen, Löwenfellen, Waschbärpenissen, ausgestopften Käfern und mehr vollgestopft. Alle Objekte werden von Paläontologen und Insektenforschern, die auch für Museen und private Sammler tätig werden, beschafft. Wer hier kein extraordinäres Mitbringsel findet, der findet keines in New York. Der erste Eindruck schwingt zwischen skurril und beängstigend, sieht man sich aber mal eine Weile um, entfalten die wissenschaftlichen wie historischen Artefakte des Evolution Store ihre ganz eigene Faszination.

The Evolution Store © Miguel Marqueta

Unweit von einer Welt, die selbst Indiana Jones ins Schwärmen gebracht hätte, liegt in der Mercer Street das Cupcake-Paradies Georgetown Cupcakes. Bekannt sind die köstlichen Backwaren dieses in puderzuckerrosa gestrichenen Ladens durch die TLC Serie DC Cupcakes. 2008 gründeten die Schwestern Kathrine Kallinis Berman und Sophie Kallinis LaMontagne ihren ersten Backshop in Washington DC. Beide gaben für diesen Lebenstraum erfolgreiche Karrieren in der Modebranche und dem Risikomanagement auf. Die Liebe zum Backen, die ihre griechische Großmutter einst in ihnen entfachte, siegte und der Rest ist (Erfolgs-)Geschichte: Der Laden in DC muss häufig bereits mittags schließen, weil alles ausverkauft ist.

Seit 2008 machte das Geschwisterduo weitere Georgetown Cupcakes in Bethesda, New York, Boston und Los Angeles auf. Die Anzahl der verschiedenen Geschmackssorten ist auf über 100 gestiegen und sie werden mittlerweile landesweit verschickt. Soviel Erfolg muss einen Grund haben, deshalb sollte sich jeder einen solchen Cupcake gönnen und für sich selbst entscheiden, ob der ganze Rummel gerechtfertigt ist. Er ist, die Cupcakes sind wunderbar!

Wieder zurück auf der Spring Street, kreuzt man schnell den Broadway, der in SoHo eine der beliebtesten Einkaufsstraßen ist. Dort finden sich all die großen Stores (H&M, Uniqlo, Banana Republic, Old Navy, Gap und viele mehr), bei denen auch Normalverdiener etwas Schönes finden können. Wer Lust hat, biegt nochmal schnell rechts ein und geht ins All Saints. Die britische Marke, die ihren Namen einer Straße in Notting Hill, London, zu verdanken hat, wurde 1994 am 1. November (All Saints Day) ebenfalls in London eröffnet. Heute gibt es weltweit über 100 Filialen, der Laden in SoHo jedoch war einer der ersten. Dort kann man sich, entgegen der einschlägigen Meinung, Coolness kaufen. Die Kleidung ist hochwertig, einmalig und dementsprechend teuer. Die Einrichtung des All Saints ist ein idealer Rahmen dafür: Auf alt gemachtes Holz, viel oxidierter Stahl, offene Bruchsteinwände und über 493 Singer-Nähmaschinen bieten den passenden Hintergrund für butterweiche Lederjacken, hauchzarte Seidenkleider und rockige Boots, alles in coolem schwarz und zeitlosen Erdtönen.

Nur einen Block weiter liegen an der Spring Street zwei absolute Highlights: Der MoMA Design-Store von SoHo und das Balthazar, DIE französische Brasserie der Stadt. Das MoMA selbst steht an der West 53rd Street in Midtown, in SoHo gibt es aber einen sehenswerten zweiten Ableger dieses Design-Stores. Auf zwei Ebenen bietet er Produktdesign, von der Küchenschüssel bis zum Wecker, Möbel und Bücher sowie eine kleine Muji-Abteilung, die diverses japanisches Alltags-Design beinhaltet. Zwei Dinge, die man unbedingt wissen sollte: 1. Kauft man etwas über 50 Dollar bekommt man eine Eintrittskarte für das MoMA im Wert von 25 Dollar geschenkt. 2. Selbst wenn man nur ein ganz kleines Mitbringsel sucht, ist man hier am richtigen Ort. Dank der günstigen Kleinigkeiten an der Kasse, findet man hier schon etwas ab 3,00 Dollar. Design für alle!

Das Balthazar ist eine der besten kulinarischen Adressen von New York. Gegründet 1997 von Keith McNally – einer der bekanntesten Chefs der Stadt, unter anderem gehören ihm das Pastis, das Odeon und Schillers Liquor Bar. Serviert werden französische Bistro-Klassiker wie Steak Frites oder gratinierte Zwiebelsuppe. Am Tag bedienen livrierte Kellner über 1.500 Gäste, täglich werden 15 Gallonen Zwiebelsuppe ausgeschenkt und zwei Köche sind nur dazu da, die Kartoffeln für die Steak Frites zuzubereiten. Nicht nur die Küche ist französisch, auch optisch hält das Balthazar, was es verspricht: Bordeauxrote Lederbänke mit hoher Sitzlehne sowie kleine Bistrotischchen aus dunklem Holz laden zum Hinsetzen ein, mächtige, bereits angelaufene, antike Silberspiegel hängen an den creme-weiß gestrichenen Wänden und das ein oder andere Werbeplakat von Théophile-Alexandre Steinlen (Le Chat Noir, Lait pur Stérilisé oder Aristide Bruant) aus den 1890er Jahren geben der Szenerie den letzten Schliff.

Überquert man die Lafayette Street kommt man von SoHo in das kleine, kreative NoLIta – kurz für North of Little Italy. Hier sind die Häuser wieder kleiner – meist nur drei Stockwerke hoch – und die Boutiquen häufig individueller, auf junge, noch unbekannte Designer ausgerichtet. Wem das Balthazar zu schick war, der kann sich stattdessen in der Tartinery, ebenfalls ein Franzose, für den weiteren Weg stärken. Im Eingangsbereich gibt es zwischen der dominierenden Bar und der Fensterfront eine Reihe schmaler Tischchen, an denen man sich auch tagsüber ein Tartine und ein gutes Glas Wein schmecken lassen kann.

Tartines sind kurz gesagt Butterbrote mit verschiedensten Belägen, von saftigzartem Poulet roti mit hauchdünn gehobeltem Fenchel über Avocado-Creme mit frischem Spargel bis zu Nutella mit Banane, gibt es alles aufs Brot, was man sich nur wünschen kann. Der hauseigene frische Rosé passt hervorragend zu allen herzhaften Varianten. Abends gibt es dann im teils offenen Untergeschoss etwas ausgefallenere, französische Küche vorm Kamin und um einen mittig gepflanzten Baum herum. Mit einem Brot auf dem Teller, einem Glas Wein in der Hand und dem Blick in die belebten Straßen des Viertels, lässt es sich herrlich ausspannen.

Weiter geht es die Mulberry Street hoch, auch hier kommt man an vielen Restaurants und Bars vorbei. Wer keine Lust auf französische Küche hatte, sucht sich hier einfach etwas aus, das ihn mehr anspricht. Außerdem kommt man an einem absolut originellen Laden, dem McNally Jackson Store, vorbei. Dort gibt es alles rund um den attraktiven Arbeitsplatz: Feine Stifte, stilvolle Notizbücher, sehr bequeme Bürostühle und natürlich Schreibtische. Wer viel von zu Hause arbeitet, sollte sich definitiv mal in Ruhe umsehen und sein Homeoffice zu einem Ort machen, an den man immer wieder gerne zurückkehrt.

Nur wenige Meter weiter liegt das Hauptgeschäft von McNally Jackson Store-Gründerin Sarah McNally: Das McNally Jackson Books, eine der wenigen inhabergeführten Buchhandlungen, die es in New York neben Ketten wie Barnes&Nobles noch gibt. Obwohl Sarah McNally aus einer Buchhändler-Familie stammt – ihre Eltern gründeten in Kanada die McNally Buchhandlungskette – so ist ihr Laden in NoLIta völlig autonom. Seit 2004 kann man dort Bücher auf ausgefallene Art und Weise durchstöbern, sie sind nämlich weder alphabetisch nach Autor noch nach Genre, sondern nach geografischen Kriterien, geordnet. So stößt man immer wieder auf literarische Highlights, die man wahrscheinlich sonst nie in die Hand genommen, geschweige denn danach gesucht hätte. Zusätzlich zu all den wunderbaren Schmökern, beherbergt McNally Jackson Books auch ein kleines Café, in dem es herzhafte wie süße Kleinigkeiten und kräftigen Kaffee gibt.

Little Cupcake Bakeshop © Miguel Marqueta

Die Wände sind mit Seiten – natürlich Kopien! – aus den Lieblingsbüchern von Sarah McNally tapeziert. Ursprünglich sollten ihre handschriftlichen Anmerkungen Teil der Tapete werden, ein übereifriger Drucker jedoch entfernte sie alle sorgfältig. Trotzdem verleihen sie den Räumlichkeiten einen einzigartig bibliophilen Touch. Und wenn man dann das erste Mal die Espresso Book Machine entdeckt, ist man als Literaturliebhaber eh völlig hin und weg. Das Gerät druckt jede Lektüre in der Zeit, die ein erfahrener Barista braucht, um einen starken Espresso zu machen. Das können Bücher aus einer Backlist, der amerikanische Verlag Harper Collins stellte 5.000 seiner Titel zur Verfügung, aber auch vergriffene Texte, die man zum Beispiel über Amazon einsehen kann oder eben selbstgeschriebene Werke sein – diese machen mittlerweile etwa 700 Stück des Verkaufs im Monat aus.

Es gibt die Möglichkeit bei der Covergestaltung mitzuentscheiden und den Satz zu beeinflussen. Eine euphorische, junge Dame erklärt jedem Interessierten die Vorteile dieses Wunderwerks der Technik. Eine solche Espresso Book Machine ist allerdings eine kostspielige Investition, sie kann bis zu 100.000 Dollar kosten. Das haben sich bisher vor allem große Institutionen wie Universitäten geleistet. Sarah McNally beweist mit der Anschaffung dieses elektronischen Schatzes einmal mehr ihre Liebe zum gedruckten Buch und ihren Glauben an dessen Zukunft.

An der nächsten Straßenecke treffen zwei großartige Dinge zusammen: Das WRK, ein Design-Store für Industrieobjekte, und der Little Cupcake Bakeshop. Das Süßigkeitenimperium wurde 2005 von vier Brüdern in Brooklyn gegründet. 2010 kam, nach dem wahnsinnigen Erfolg in Manhattans Nachbarstadtteil, eine weitere Filiale in NoLIta hinzu. Ein einzigartiges und auf den ersten Blick nicht sichtbares Merkmal ist das Öko-Konzept des LCB: Der gesamte Laden wird mit Windkraft betrieben und alle verwendeten Lebensmittel sowie der Tee sind Bio. Das hat bereits zu einigen Auszeichnungen unter anderem von Al Gore geführt.

Trotz all der naturfreundlichen Ideen ist das LCB kein Bio-Tanten-Laden geworden, sondern ein gemütliches Café mit einer offenen, rostroten Backsteinwand, mintfarben gestrichenen Wänden, einem Schachbrettfußboden, großen

Kristallleuchtern, runden Bistrotischchen und einem cremeweißen Apotheker-schrank. Eine herrlich vintage wirkende Mischung getoppt mit köstlichen Backwaren, die täglich frisch zubereitet werden – man kann sogar beim Ver-zieren der Cupcakes zuschauen.

Wer sich schließlich von all den Leckereien im Little Cupcake Bakeshop los-reißen kann und hinüber zu WRK schlendert, wird auch hier mit vielen Kost-barkeiten belohnt. Der Showroom des Gründer-Duos Jeremy Floto und Joshua Farley zeigt nur einen Bruchteil ihrer Arbeiten. Gemeinsam gehen sie in den abgelegensten Orten in Upstate New York auf die Suche nach lohnenswertem Rohmaterial. Sie durchwühlen alte Fabriken, verlassene Lagerhallen und Flohmärkte nach möglichen Schätzen, die sie im Anschluss restaurieren und in ihrem Showroom präsentieren. Außerdem richten sie mit ihren Fundstücken Restaurants, Designerläden und mehr ein. Eines ihrer Lieblingsprojekte war die fahrende Privat-Lounge der Rolling Stones auf ihrer Tour 2013. Floto und Farley machen aus dem, was andere Menschen für Müll halten, Design, das dann irgendwann wieder in jemandes Zuhause steht. Und so fühlt sich der WRK Showroom auch an, wie eine kreative Ansammlung von Einrichtungs-gegenständen, in der der Besucher selbst auf Schatzsuche gehen kann. Mit ein bisschen Zeit und dem richtigen Auge fürs Detail, findet jeder etwas für die eigenen vier Wände.

Ein Bummel durch die individuellen Boutiquen von NoLIta lässt sich beson-ders gut in der Elizabeth Street unternehmen. Neben dem Parfüm-Labor Le Labo gibt es hier lauter kleine Läden, einer schöner als der andere: Thomas Sires machen ihr eigene, reduzierte Modelinie, aufgepeppt mit Wohnacces-soires aus Paris und Tokio, Steven Alan verkauft zeitlos elegante Männer- wie Frauenkleidung von eher jungen, noch unbekannten Designern, BedHead lie-fern ausgefeine und doch bequeme Schlafanzüge und bei der New York Shaving Company wird noch in alter Manier mit Pinsel und Klinge der Bart abrasiert. All das und mehr kann man in der Elizabeth Street am besten selbst entdecken. Einfach mal in Ruhe zwischen Houston und Spring Street rauf und runter schlendern und reingehen, wo es einem am besten gefällt. Wer noch Lust auf einen Absacker in einer lässigen SoHo-Bar hat, der steuert am besten das Mother's Ruin an. Hier gibt es gute und starke Cocktails. Damit man nicht schon nach dem ersten singt, bietet die Bar Hits wie Fried Pickels (ja, das sind frittierte, eingelegte saure Gurken und ja, das muss man mögen), Salate, verschiedene Burger, Chicken Wings und mehr an. Jetzt einfach zurücklehnen und all die Sinneseindrücke aus SoHo und NoLIta nochmal im Kopf Revue passieren lassen.

Highlights SoHo und NoLIta

1) Hudson River Greenway

2) The Broken Kilometer

393 West Broadway, New York, NY

Website: www.diaart.org/sites/main/brokenkilometer

3) The New York Earth Room

141 Wooster Street, New York, NY

Website: www.diaart.org/sites/main/earthroom

4) Republic of Fritz Hansen

22 Wooster Street, New York, NY

Website: www.fritzhansen.com

5) Swiss Institute of Contemporary Art

18 Wooster Street, New York, NY

Website: www.swissinstitute.net

6) Showroom Jonathan Adler

53 Greene Street, New York, NY

Website: www.jonathanadler.com

7) The Evolution Store

120 Spring Street, New York, NY

Website: www.theevolutionstore.com

8) Georgetown Cupcakes

111 Mercer Street, New York, NY

Website: www.georgetowncupcake.com

9) All Saints

512 Broadway, New York, NY

Website: www.allsaints.com

10) Balthazar

80 Spring Street, New York, NY

Website: www.balthazarny.com

11) MoMA Design Store

81 Spring Street, New York, NY

Website: www.momastore.org

12) Tartinery

209 Mulberry Street, New York, NY

Website: www.tartinery.com

13) McNally Jackson Store

234 Mulberry Street, New York, NY

Website: www.mcnallyjacksonstore.com

14) McNally Jackson Books

52 Prince Street, New York, NY

Website: www.mcnallyjackson.com

15) Little Cupcake Bakeshop

30 Prince Street, New York, NY

Website: www.littlecupcakebakeshop.com

16) WRK Design

32 Prince Street, New York, NY

Website: www.wrkdesign.com

17) Elizabeth Street

18) Mother's Ruin

18 Spring Street, New York, NY

Website: www.mothersruinnyc.com

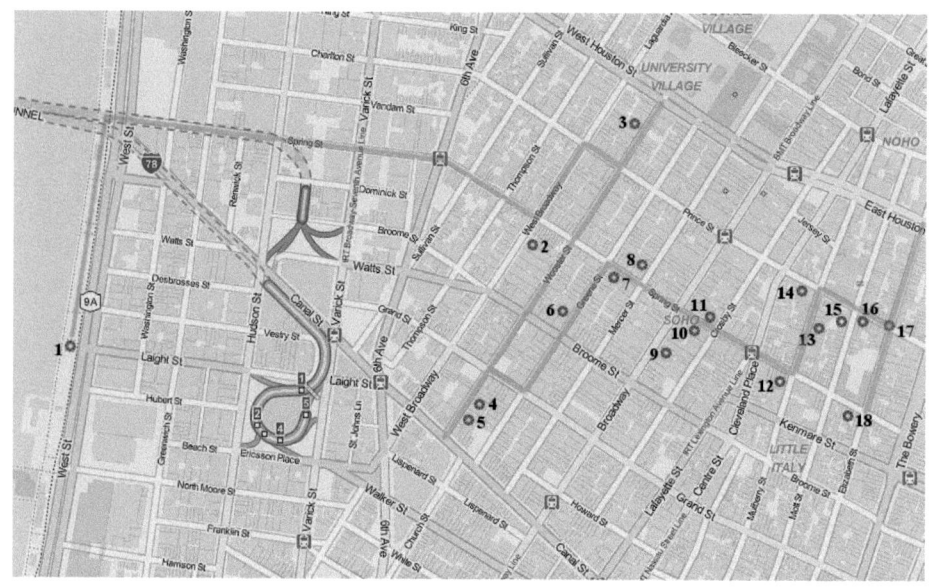

SoHo © OpenStreetMap.org contributors

East Village

Everything I ever projected New York to be, it was – even the stinky, ratty, vomity part of it. Everybody has to do the subway. Everybody has to smell the same smells. And people get mad all the time. – **Jeff Buckley**

East Village St. Marks Place © Miguel Marqueta

Was haben William S. Burroughs, Allen Ginsberg, Lou Reed, Lady Gaga, Claes Oldenburg, Chloë Sevigny, Joey und Johnny Ramone, Alexa Chung, Andy Warhol, Daniel Radcliffe und Madonna gemeinsam? Sie alle lebten oder leben im New Yorker *East Village*. Hier wurden die Beatniks groß, hier erlebte die amerikanische Kunst ihre Postmoderne, hier wurde der Punk geboren.

Angefangen hat alles mit einer Landesurkunde, die Peter Stuyvesant 1651 an sich nehmen konnte. Seitdem war das Viertel Eigentum der Stuyvesants und sollte es auch lange Zeit bleiben, genauer gesagt bis ins frühe 19. Jahrhundert.

Von da an verkauften die Erben von Stuyvesant das Land parzellenweise an wohlhabende Landbesitzer von NY: Eine Zeit lang schmückten hübsche Großstadtvillen die schmutzigen Straßen des *East Village*. Das sollte sich jedoch schnell ändern. In den 1840er und 50er zogen die ersten Immigranten ins Viertel, vor allem Deutsche und Iren bevölkerten in großer Zahl die Gegend und machten aus ursprünglich geplanten Einfamilien- schnell Mehrfamilienhäuser und bald auch ganze Apartmentkomplexe.

Seit den 1850er Jahren bis in die ersten Jahre des 20. Jahrhunderts wurde die Nachbarschaft auch ‚Kleindeutschland‘ genannt. Schließlich lebte dort die drittgrößte städtische Population von Deutschen außerhalb von Wien und Berlin. Mit der zweiten Einwandererwelle kam vor allem die intellektuelle Oberschicht der Ukraine, die es sich leisten konnte, vor den Wirren des zweiten Weltkrieges zu fliehen. Sie gründeten Clubs, Restaurants, Bars und vieles mehr und belebten das Quartier mit ihren ganz eigenen Traditionen.

Zeitgleich mit der ersten Einwandererflut begann auch die Protestkultur des Viertels Fahrt aufzunehmen. Viele der Immigranten hatten Probleme, Arbeit zu finden, deshalb trafen sie sich auf dem neu angelegten *Tompkins Square*, um gegen die schwierigen Bedingungen zu protestieren. Seitdem hat das *East Village* viele Demonstrationen gesehen, einige davon blutig und verheerend.

Die ultimative, musikalische Gegenbewegung, der Punk, fand ebenfalls im New Yorker *East Village* seine Geburtsstätte. In den 1960er Jahren zog es Musiker, Künstler, Studenten und Hippies in dieses Viertel, das noch nicht wie *SoHo* und *Chelsea* gentrifiziert, heißt etabliert, war. Hier standen alle Möglichkeiten noch offen. 1966 begann Andy Warhol dort, in einem der opulenten, ukrainischen Ballsäle, seine berühmten Multimedia Shows zu inszenieren. Musikalisch wurde er dabei von *The Velvet Underground,* eine der ersten und bekanntesten Punkrockbands um Frontsänger Lou Reed, begleitet. Schnell entwickelte sich der ehemals gediegene Ballsaal in einen Nachtclub, den *Electric Circus,* dessen Stammband *The Velvet Underground* wurde. Neben ihnen traten Bands wie *The Who, Pink Floyd, Cream, Led Zeppelin* und Jimi Hendrix auf. Erstmals vom Punk sprach 1967 der *New Yorker*, als er versuchte, diese junge Musikrichtung einzuordnen. Anders vielleicht als bisher zuvor war der Punk aber nicht nur Musik, sondern auch eine Lebenseinstellung, die weitreichenden Einfluss hatte. DIY, do it yourself, kam gemeinsam mit dem Punk auf und veränderte die Mode jener Zeit bis ins Hier und Heute.

Selbst das renommierte *Metropolitan Museum of Art* widmete dem Punk 2013 eine erfolgreiche Ausstellung und setzte sich in einer fulminanten, düsteren Show voller Nieten, Bondage und Haute Couture-Kleidern mit der Entstehung des Punk in London und New York und seinem Einfluss auf Designer auseinander. Von Anfang an mit dabei war das *Punk Magazine* rund um Cartoonist John Holmstrom, Verleger Ged Dunn und Punker Legs McNeil, die das Magazin offiziell 1975 gründeten. Gemeinsam mit dem *Creem Magazine* etablierten sie den Terminus ‚Punk' weit über die Grenzen des *East Villages* hinaus. Ihre Cover zierten die *Sex Pistols*, Iggy Pop, Patti Smith und Lou Reed. Sie gründeten sogar eine Extrabeilage für die weiblichen Künstler des Punks, die bis dato von der aufkommenden Undergroundbewegung ausgeschlossen waren.

Eine zweite kulturelle Revolution starteten die Galerien des *East Villages* in den 80er Jahren. Anders als ihre konservativeren Vettern aus *Chelsea* und *SoHo*, entschieden sie sich, die jungen, nicht etablierten Künstler ihres Viertels zu unterstützen. Sie verhalfen der amerikanischen Postmoderne zu Aufmerksamkeit und Erfolg, indem sie Werke von Kiki Smith, Keith Haring, Nan Goldin, Jean-Michel Basquiat oder Jeff Koons ausstellten.

Nach und nach verschwanden die wirren Geister, die Junkies und die Obdachlosen aus den Straßen des *East Village*. Immer mehr Kreative und Studenten zogen in die heruntergekommenen Altbauten. Und schließlich kamen auch die Vermögenden, die sich im vielleicht letzten authentischen Viertel von New York eine Wohnung kaufen wollten. Anders als in *SoHo* und *Chelsea*, in *Greenwich* und *Williamsburg* ist der Prozess der Gentrifizierung des *East Villages* hin zu einer etablierten, sauberen Nachbarschaft noch nicht abgeschlossen. Hier kann man immer noch das Nachbeben jener vergangenen Zeiten von Aufbruch und Gegenkultur spüren, hier gibt es sie immer noch, die punkigen Bewohner, auch wenn sie heute eher bei *All Saints* als bei *Search & Destroy* einkaufen gehen. Immer noch gibt es hier mehr New Yorker als Touristen, die Geschäfte sind individuell und klein; es gibt kaum Ketten wie *Barnes & Nobel*, *H&M* oder Ähnliches. Das Viertel ist nach wie vor geprägt von kleinen, aber feinen Boutiquen, Vintageläden (vor allem in der East 9th Street zwischen

149

Astor Place und Avenue A), Cafés und Restaurants. Wer auch heute noch das authentische New York-Feeling der 70er und 80er Jahre erleben will, der sollte einen Besuch im *East Village* einplanen.

Und wo sollte man so einen Besuch wohl besser starten, als in einer der Institutionen dieser Nachbarschaft, dem *St. Marks Bookstore?* Neben dem *McNally Jackson Books* und dem *Strand Book Store* ist der *St. Marks* eine der letzten Indie-Buchhandlungen der Stadt. 1977 im *East Village* ins Leben gerufen, hat er sich perfekt an seine kreative, studentische Nachbarschaft mit Hang zu Revolution und Gegenkultur angepasst. Der Fokus des Buchladens liegt auf Kulturtheorie, Kunst, Philosophie und einer breiten Auswahl an Lyrik. Viele Titel stammen von kleinen, unabhängigen Verlagen und lassen sich wahrscheinlich kaum in einer anderen Buchhandlung der Stadt finden. Ebenfalls etwas Besonderes ist die Vielzahl an außergewöhnlichen nationalen wie internationalen Zeitschriften. Wer zum Beispiel wissen will, wie man Jazzmusik in mathematische Formeln übersetzt, der findet die passende Zeitschrift dafür hier und nur hier.

Aktuell ist das Buchmekka jedoch im Umbruch begriffen, nach vielen Jahren am gleichen Standort wird es Zeit, Raum zu machen für mehr Bücher. Ein Umzug ist geplant und wird gemeinsam mit der Nachbarschaft und einer großangelegten Spendensammlung in baldiger Zukunft angegangen. Bleibt zu hoffen, dass sie ihre einzigartigen Öffnungszeiten beibehalten: Montag bis Samstag kann man von 10.00 Uhr bis Mitternacht, sonntags von 11.00 ebenfalls bis nachts um 12.00 Uhr nach der passenden Bettlektüre fahnden. Die Mitarbeiter des *St. Marks Bookstore* sind vollinformierte Büchernerds, die einem garantiert den richtigen Titel, ob man nun nach ihm gesucht hat oder nur zum Stöbern vorbeigekommen ist, besorgen.

Weiter geht es Richtung *Tompkins Square Park* den St. Marks Place hinunter. Einst das Epizentrum des Punk, lassen sich hier immer noch Spuren der guten, alten Zeiten finden. Eine davon ist das *Search & Destroy*, der wohl letzte Punkladen seiner Art. Benannt nach einem Song von *The Stooges*, zu denen

150

auch Punkrock Legende Iggy Pop gehörte, liegt der Laden über einem japanischen Restaurant mit dem passenden Namen *Kenka*, japanisch für Schrei. Man muss schon etwas Mut aufbringen, um sich ins *Search & Destroy* überhaupt hineinzuwagen: Im von der Decke bis zum Fußboden reichenden Schaufenster stapeln sich Baby-Plastik-Puppen mit abgerissenen Gliedmaßen, eine überlebensgroße, grüne Teletubbie-Figur sowie eine manisch dreinblickende Micky Maus grinsen auf die Fußgänger hinab, Skelette baumeln von der Decke und ein Union Jack überwacht die Szene von einer Ecke des Fensters aus. Wer dennoch einen Fuß in den skurrilen Laden setzt, wird von einem finsteren Ronald McDonald begrüßt. Über dem Verkaufstresen schwebt eine mit nach oben verrenkten Armen gefesselte Schaufensterpuppe, ebenso wie ein abgeschnittener Plastikschweinekopf, dem das Kunstblut aus der Nase läuft. Gasmasken, Nieten in allerlei Größen, aufblasbare Sexpuppen und ein alter *Space-Invador*-Spielautomat machen den Trashlook des *Search & Destroy* perfekt.

Search & Destroy © Miguel Marqueta

151

Bekannt ist der Laden allerdings für seine riesige Auswahl an Vintage-Punk-Klamotten aus den 70er und 80er Jahren. Karohemden und -röcke reihen sich dicht an dicht in langen Bahnen an den Wänden entlang. Band-Shirts, Lederjacken, nietenbesetzte Gürtel und Bikerboots, Union Jack-Handtaschen, hier gibt es einfach alles, was das Herz des Punkrockers begehrt; aber auch modebewusste Großstadtshopper können hier vereinzelt wahre Schätze heben. Einfach ist das allerdings nicht, da der Laden bis oben hin vollgestopft ist und die gelangweilt dreinschauenden Mitarbeiter, ebenfalls im Punklook mit zerrissenen Netzstrumpfhosen und Lederboots, wohl eher als Teil der Deko gedacht sind. Egal, wer Lust auf Punk hat, der stürzt sich in den Wahnsinn und zieht das Richtige für sich heraus.

Nach so viel Karos und Nieten wird es Zeit für einen Snack. Das *Pommes Frites* an der 2nd Avenue bietet als einziger Laden in ganz NYC original belgische Pommes und nur die. Kartoffeln werden zu dicken Schnitzen verarbeitet und anschließend zweimal frittiert; das erste Mal, damit sie gar und das zweite Mal, damit sie von außen schön knusprig und von innen saftig weich werden. Dazu reicht das *Pommes Frites* über 30 verschieden Sorten Dips, unter anderem so verrückte Mischungen wie *Pomgranate Teriyaki Mayo* oder *Wild Mushroom Mayo*. Es gibt aber auch ganz normal Mayo und Ketchup und die Pommes werden typisch belgisch in Papiertüten serviert.

Pommes Frites © Miguel Marqueta

Der Laden an sich ist klein und eher rustikal, ein bisschen heruntergekommen vielleicht, bietet jedoch im hinteren Bereich einige wenige Tische, in die extra Löcher für die Pommestüten hinein gefräst wurden. Portionen gibt es in klein ($ 4,50), mittel ($ 6,25) und groß ($ 7,75) – klein ist allerdings schon eine ordentliche Menge für eine Person. Am Wochenende kann es hier abends schnell voll werden, die Schlange führt gut und gerne einmal um den Block. Da aber ‚nur' Pommes serviert werden, sollte man sich davon nicht abschrecken lassen, denn es geht fix vorwärts und schon bald kann man selig mit seiner saftigen Kalorienbombe von dannen ziehen.

Wer mehr Lust auf etwas Süßes hat bzw. nach den Pommes noch Hunger, der sollte unbedingt die *Van Leeuwen Ice Cream* einmal um die Ecke an der East 7th Street probieren. 2008 kaufte Ben van Leeuwen im Alter von 24 Jahren einen Truck und begann in diesem sein eigens hergestelltes Bio-Eis zu verkaufen; aus frischer Milch von glücklichen, Antibiotika-freien Kühen. Heute gibt es sechs der zartgelb angestrichenen Trucks, die durch New York City fahren, sowie vier Cafés, drei davon in Brooklyn und eins auf Manhattan. Neben dem fantastischen Eis verkaufen sie Kaffee und frisches Gebäck. Alle Baristas sind bei *Toby's Estate Coffee* in Williamsburg ausgebildet, auch die Bohnen bezieht *Van Leeuwen* von dort. Besonders stilvoll ist der handgemachte, alles umfassende Vintage-Look der Marke. Sowohl die Trucks als auch die Cafés und die Website sind in einem cremigen Vanilleton gehalten. Die 13 verschiedenen Eissorten werden durch Pflanzenzeichnungen, wie man sie aus sehr alten Biobüchern oder *Köhler's Medizinal-Pflanzen* kennt, verdeutlicht.

Ganz im Sinne des leicht verspielten Tons ist auch das Café im *East Village* gestaltet. Der Fußboden ist mit winzigen, hellen Mosaikfliesen belegt. Holzfunierte Bistrotischchen und schwarz lackierte, an Quäkerklassiker erinnernde Stühle laden zum Verweilen ein. Die Theke sieht aus, als könnte sie genauso in einem Wiener Kaffeehaus stehen: Dunkles Holz mit heller, dünner Marmorplatte, Lampen mit weißen Keramikschirmen hängen von der Decke, in einer gläsernen Vitrine werden Torten und Gebäck für Leckermäuler bereitgehalten. Leuchtend gelbe, hohe Metallhocker im Schaufenster sorgen für den modernen Touch und halten das Café in unserem Jahrhundert. Passend dazu können Eisesser und Kaffeetrinker der leicht kratzigen Musik vom Plattenspieler lauschen. Klar, man kann sich sein Eis auch auf die Hand kaufen, aber jeder sollte hier mal einen halben Nachmittag in gelöster Stimmung mit einem guten Buch vertrödeln. Danach kann man den Rest des Tages tiefenentspannt in Angriff nehmen.

Jeder Mensch braucht einen Hut, nicht einfach so ein 20 Dollar-Teil von einer Billigmarke, nein, einen richtig schicken Hut mit Feder und Krempe. Im *East Village* gibt es nur einen Ort, an dem es so eine feine Kopfbedeckung gibt: *Barbara Feinman Millinery*. Von *Van Leeuwen Ice Cream* einfach die Straße weiter Richtung Park laufen. 20 Jahre lang versuchte sich Barbara Feinman in diversen Bürojobs, bevor sie sich dazu entschied, einen Hutmacherkurs am *Fashion Institut of Technology* zu belegen und noch einmal ganz frisch durchzustarten. Heute ist sie eine wahre Meisterin der alten, ehrwürdigen Kunst der Hutmacherei. Nur wenige fertigen Hüte noch so kunstvoll und technisch perfekt von Hand wie sie. Anfangs verkaufte Feinman ihre Kunstwerke an Privatpersonen und Kaufhäuser wie *Barney's*, bis sie 1998 schließlich ihren eigenen Laden in der East 7th Street eröffnete. Gemeinsam mit Businesspartnerin Julia Emily Knox und einer weiteren Hutmacherin, Katherine Carey, berät sie vorne im Laden ihre Kundinnen und Kunden und stellt im kleinen Atelier im hinteren Bereich die Hüte her. Preislich sind die kunstvollen Kopfbedeckungen sicherlich kein Schnäppchen, die Qualitätsarbeit, die Feinman und ihre Kompagnons leisten, ist es jedoch wert. Das fanden bereits Blake Lively, Beyoncé Knowles, Chloë Sevigny, Yoko Ono, Marisa Tomei, Glenn Close und viele andere Berühmtheiten sowie Normalos.

Nur einmal schräg über die East 7th Street hinüber gibt es das passende, einzigartige Kleid zum Hut bei *Fab 208*. New Yorker Alan Smith und seine Frau die gebürtige Londonerin Jo Custance-Smith, hauchen Vintage-Kleidern frisches Leben ein. Nicht nur, dass sie die Originale verkaufen, sie verschaffen alten Schätzchen durch neue Schnitte eine zweite Chance. Jo und Alan kreieren die Kleidung, die sie in ihrem bonbonrosa gestrichenen Laden verkaufen, größtenteils selbst. Das beinhaltet Kleider, Tops, Röcke, Pullis mit witzigen grafischen Prints, Schals und vieles mehr. Sie schneidern eine Garderobe, die absolut jeden mit jeder Figur hinreißend aussehen lässt. Wer ein einzigartiges Kleid will, ist bei *Fab 208* an der richtigen Adresse. Die Gründer und Besitzer sind willig und eifrig zur Hand, wenn es darum geht die richtigen Accessoires zu finden, um ein Outfit komplett zu machen. Sollte man mal nicht so toll aussehen, haben sie weder Angst noch sind sie so sehr am Profit interessiert, dass sie es einem nicht sagen. Ach ja, und passende Schuhe gibt es auch, nicht selbstgemacht, aber mit viel Liebe zum Detail handverlesen ausgesucht.

Vom schrillen pink bei *Fab 208* geht es zum ruhigen, fast zen-artig gestalteten *Still House,* einfach der East 7th Street weiter folgen. Urte Tylaite, in Litauen geboren, eröffnete ihre Mischung aus Galerie und Design-Shop, die sie liebevoll ihr „cabinet of curiosities" nennt, 2011 im *East Village.* Das Viertel suchte sie zuerst aus praktischen Gründen aus, die Miete war gut und es gab freie Räumlichkeiten. Schnell stellte sich aber heraus, dass der Zufall ihr einen Glücksgriff beschert hatte: Die Mischung aus modernem, minimalistischem Design, das Tylaite im Kunststudium am *Pratt Institute* in Brooklyn kennenlernte, und verschnörkeltem, organischem Schmuck, den ihr ihr erster Job im *Swallow,* einem kleinen Schmuckladen in Brooklyn, näherbrachte, gab es so noch nicht im *East Village.* Ihr Wunsch, jungen, aufstrebenden Künstlern eine Plattform zu bieten, fand viel Anerkennung in der Nachbarschaft und bei ihren Kunden.

Das Geschäft gestaltete die Shopbesitzerin gemeinsam mit der in Brooklyn residierenden Design-Firma *Silva/Bradshaw.* Es passt zu ihrer exquisiten Auswahl und wirkt trotz des wenigen Platzes luftig und ätherisch: Die hohe, mit hellem Holz verkleidete Decke, der dunkel lasierte Boden, die weißgekalkten Wände, die schwarz oxidierten, schmalen Stahlträger, an denen Regalbretter aus dem hellen Holz der Decke aufgehängt sind sowie schwarze Industrielampen machen den kleinen Raum modern. Zarte Schmuckstücke, vor allem Ringe und Ketten, werden in selbst gestalteten Glasschaukästen präsentiert, auf den Regalbrettern reihen sich asiatisch anmutende Tongefäße in Erdtönen sowie mundgeblasene Ölkerzen und Vasen. Feine Zeichnungen zieren in schlichten, schwarzen Rahmen die Wände. Neben wohlkuratierten Künstlern aus Japan, Europa, Skandinavien und New York City bietet *Still House* auch eine eigene Schmuckserie an, mit berückend schönen Stücken, die auf die geometrischen Grundformen reduziert sind. Urte Tylaite hat hier einen märchenhaften Ort geschaffen, an dem jeder ihre Kleinode bewundern und ausprobieren darf. Und niemand ist am Ende eingeschnappt, wenn man es sich erst einmal überlegen muss.

Jetzt ist eigentlich genau der richtige Moment, um sich inspiriert von der ruhigen Stimmung des *Still House* eine Tür weiter ins *Tea Drunk* zu setzen und eine traditionelle, chinesische Teezeremonie zu genießen. Einmal im Jahr fährt Shunan, Eigentümerin des erst 2013 eröffneten Teehauses, zu Mönchen nach China, wählt aus der Jahresernte die besten Tees aus und bringt sie nach New York City. Sie besucht die Shaolin in ihren Tempeln, sie reist auf den Wu Yi und den Phoenix Berg, um eine erlesene und persönliche Auswahl zu treffen.

Kurz: Im *Tea Drunk* gibt es puren, unaromatisierten Tee, direkt aus dem Land des Lächelns. Anders als bei der japanischen Teezeremonie, geht es bei der chinesischen weniger um Eleganz und Show und mehr um die Qualität des Tees an sich. Jeder Schritt einer chinesischen Teezeremonie zielt darauf ab, das Getränk noch besser zu machen. Das *Tea Drunk* selbst ist ein schmaler, länglicher Raum. Man sitzt auf leicht geschwungenen Bambushockern an niedrigen, quadratischen Tischchen, an denen maximal vier Personen Platz finden. Auf dem Tisch liegt ein fast ebenso großer Holzblock mit Löchern in der Mitte, die für das Wegschütten des ersten Aufgusses bestimmt sind. Zuerst sucht man sich also einen Tee aus, dieser wird in Paos serviert. Das bedeutet nur, dass man eine Schale loser Teeblätter – es gibt weißen, grünen, schwarzen und roten – bekommt, von denen man je nach Tee diverse Aufgüsse machen kann. Ein Pao kann von bis zu vier Personen geteilt werden. Mit jedem Aufguss verwandelt sich der Geschmack ein wenig, er wird stärker, blumiger, sanfter, bitterer, das hängt vom Tee ab.

Als nächstes wählt man einen *Tea Pal*, eine Art Maskottchen, aus. Kleine Figuren vom traditionellen, chinesischen Drachen bis zu Micky Maus, die aus einem bestimmten, sehr dunklen Lehm getöpfert werden, der, immer wieder mit Tee übergossen, irgendwann anfängt weich zu glänzen. Shunan oder eine ihrer Mitarbeiterinnen kommt an den Tisch und brüht den Tee in traditioneller Weise auf. Getrunken wird aus winzigen Porzellantassen. Wenn dann der erste zarte Duft aus dem feinen Gefäß steigt, wenn die Hitze durch die Fingerspitzen dringt, das Licht weich und die Hintergrundmusik auf chinesische Meditationsklänge reduziert ist, dann spürt man selbst in der hektischsten aller Metropolen das Zen. Eine perfekte Pause, für die man sich aber auch die nötige Zeit nehmen muss!

Am besten schließt man jetzt einen Spaziergang in einem der Parks oder Gemeinschaftsgärten, von denen das *East Village* jede Menge hat, an. Ein besonderes Fleckchen Erde befindet sich in der East 6th Street zwischen Avenue A und B: der *Creative Little Garden*. Seit den 70er Jahren haben hier Anwohner ein eher schmales als breites Grundstück zwischen den Wohnhäusern zu einem Gemeinschaftsgarten umgestaltet. Die 7 m breite und 30 m tiefe Grünanlage ist offiziell seit 1982 vom 1. April bis zum 1. November täglich von 11.00 bis 18.00 Uhr für Besucher geöffnet. Durch den Garten schlängelt sich ein schmaler Pfad vorbei an Azaleen, Tulpen, Hortensien, Farnen, Rosensträuchern und Tränenden Herzen. Über die Jahre wurden acht Skulpturen, ein pittoresker Wasserfall und sage und schreibe 66 Vogelhäuschen hier erbaut und aufgestellt. Auf vielen verschiedenen Sitzmöglichkeiten können Besucher die Ruhe und den Frieden, den der *Creative Little Garden* ausstrahlt, auf sich wirken lassen.

Tompkins Square Park © Miguel Marqueta

2011 wurde das kleine, aber feine Biotop sogar zum *National Wildlife Federation Habitat*, einem ausgezeichneten Lebensraum für die Tier- und Vogelwelt in NYC, ernannt. Außerdem wählten die Leser der *New York Daily News* ihn 2012 zum schönsten Gemeinschaftsgarten der Stadt. Selbst wenn der Park nicht groß ist, so macht er doch einiges durch seine fantasievolle Gestaltung wett. Hier hat man, anders als in vielen öffentlichen Arealen, seine Ruhe und kann sich einer erholsamen Pause oder einem gelösten Mittagessen und mehr hingeben. So bietet der *Creative Little Garden* zum Beispiel die Möglichkeit, Privatfeiern, wie Geburtstage oder gar Hochzeiten, in diesem grünen Paradies zu feiern.

Wesentlich quirliger und lauter ist das Treiben im *Tompkins Square Park*, der nur wenige Schritte vom *Creative Little Garden* entfernt zwischen der East 7th und der 10th Street sowie zwischen der Avenue A und B liegt. Der 4,5 ha große, quadratisch angelegte Park liegt mitten im Viertel und hat bereits eine wilde Vergangenheit hinter sich. 1829 schenkte Peter Gerard Stuyvesant, einer der Nachfahren des *East Village* Gründers Peter Stuyvesant, der Stadt das Land, auf dem der *Tompkins Square* entstehen sollte. Jedoch nur unter der Prämisse, dass diese dort einen öffentlichen Bereich schaffen sollte. 1835 glaubten noch alle an eine glorreiche Zukunft der Grünfläche. Der Square hatte 1834 eröffnet und war 1835 mit 450 Bäumen bepflanzt und einem gusseisernen Zaun eingezäunt worden. Die *Große Panik* von 1837 jedoch – eine finanzielle Krise der USA, die bis in die 1840er Jahre andauern sollte –, führte zum Expansionsstopp der Urbanisierung von NYC und stoppte damit auch die Entwicklung des Viertels. Offiziell kam es daher erst 1850 zur Eröffnung des Parks.

Von Anfang an war der *Tompkins Square Park* einer der beliebtesten Austragungsorte von Protesten, von denen es im *East Village* einige gab. Die ersten Ausschreitungen ließen ebenfalls nicht lange auf sich warten: 1874 schlug die Polizei eine auf dem *Tompkins Square* entstandene Unruhe gewaltsam nieder. In den 1960er wurde gegen den Vietnamkrieg und in den 80ern gegen die Gewalt gegen Obdachlose demonstriert. Ihren traurigen Höhepunkt fand die Gegenkultur 1988, als bei einer versuchten Vertreibung von Obdachlosen und Junkies über 44 Menschen verletzt wurden. Polizisten kesselten die Menge, darunter auch politische Aktivisten, Beisteher und andere im Park ein. Außenstehende dokumentierten erstmals eine solche Situation auf Video, so lange jedenfalls, bis die Gesetzeshüter anfingen auch gegen sie brutal vorzugehen. Diese Ausschreitungen ließen das gesamte Viertel schockiert zurück. In den folgenden Jahren wurde ein Punk-Rockfestival installiert, um an die dramatischen Ereignisse zu erinnern.

Die Probleme des *Tompkins Square Parks* waren jedoch offensichtlich, er wurde bis in die späten 1980er als Drogenumschlagplatz und Obdachlosendomizil genutzt. Gewaltsame Übergriffe und Kriminalität regierten den Park. 1991 und '92 ließ die Stadt die Grünanlage für Renovierungsarbeiten schließen, um Obdachlose und Drogenabhängige eine Zeit lang fern zu halten. Das und die Einführung einer Sperrstunde führten letztendlich zur Beruhigung der Situation.

Mit den Anfängen der Gentrifizierung des *East Village* in den 2000ern, wurde die Grünanlage immer sicherer und beliebter bei Familien, Studenten und Rentnern. Heute gibt es verschiedene Spielplätze, Tischtennisplatten, Handball- sowie Basketballfelder, Schachtische und den ersten *Dog Run* der Stadt – seit der letzten Renovierung ist es nicht nur der größte Auslauf für Hunde, sondern mit weichem Sandboden, drei Schwimmbecken, Picknicktischen für Herrchen und Frauchen und einer Abspritzanlage für nach dem Besuch auch der luxuriöseste.

Diverse Festivals – *Howl!*, *Wigstock* oder das *Charlie Parker Jazz Festival* – und Open-Air-Kino locken in den warmen Sommermonaten Besucher auch nach Einbruch der Dunkelheit in den Park. Für die Anwohner des *East Village* ist er zu einer Art grünem Wohnzimmer geworden, in dem sie sich mit Freunden treffen, ihr Mittagessen einnehmen, mit ihren Kindern spielen und sich entspannen können. Touristen trifft man hier selten, es ist einer der letzten Parks für echte NYer.

Von hier geht es die East 9th Street wieder hinauf Richtung *Astor Place*. Wenn der St. Marks Place die Straße mit den meisten Bars und Restaurants ist, dann ist die 9th Street definitiv die Shoppingmeile des *East Village*. Vom *Tompkins Square* bis zum *Astor Place* befinden sich hier die meisten Vintage- und Secondhandläden sowie kleine, individuelle Boutiquen und Designerateliers. Der richtige Platz, um nach Unikaten zu suchen. Was man in der 9th Street kauft, hat kaum ein anderer.

Eines der wenigen Geschäfte, das keine Kleidung sondern Antiquitäten und Nippes verkauft ist *The Upper Rust*. Eigentümer Kevin Bockrath hegt eine außerordentliche Leidenschaft für den sogenannten ‚Shabby Chic' und antikes Interieur. Als sich nach und nach seine Wohnung bis zum Bersten mit angelaufenen Spiegeln, verschnörkeltem Schmuck, bauchigen Vasen und verwitterten Möbeln füllte, entschied er 2002 aus seiner Liebe zur Vergangenheit einen Beruf zu machen. Nach wie vor findet er Kostbarkeiten bei Haushaltsauflösungen und auf Flohmärkten. Jetzt bringt er sie jedoch in seinen prall gefüllten Laden im *East Village*. Ein glitzerndes Märchenland für alle, die ebenfalls Gefallen an Stücken aus der Zeit von gestern finden. Besonders in der Vorweihnachtszeit findet man bei *The Upper Rust* einzigartige Weihnachtskugeln, Lametta aus den 50ern und die besten Geschenke für Freunde und Familie. Ein Besuch lohnt sich immer, da die Preise trotz *Upper East Side*-Stil dem *East Village* entsprechen.

The Upper Rust © Miguel Marqueta

Apropos Geschenke: Nach einem sorglosen Bummel durch die Vintage-Läden der East 9th Street und dem ein oder anderen Pulli, Rock, und mehr, den man sich gegönnt hat, findet man im *Dinosaur Hill* ganz besondere Präsente. Als Pamela Pier, Vorschullehrerin und Künstlerin, 1983 ihren Spielzeugladen eröffnete, schwor sie sich ausschließlich handverlesene, handgemachte Spielzeuge, mit dem besonderen Etwas in ihrem Laden auszustellen. Keine Videospiele, keine Plastikpuppen, keine Panzer, Pistolen und Co.

Das *Dinosaur Hill* ist einer der wenigen selbstständigen Spielzeugläden, er gehört zu keiner Kette und wird immer noch von der Gründerin selbst geleitet und bestückt. Der Fokus liegt heute wie damals auf qualitativ hochwertigem Spielzeug – möglichst aus Naturmaterialien wie Holz, Baumwolle oder auch Stein. Von selbstgenähten Handpuppen, die Pier teilweise von ihren Reisen nach Indien und Südostasien mitbringt, über Holzpuzzle, Musikinstrumente, zauberhafte Kinderkleidung, handgenähte Quilts von befreundeten Künstlern, handgestrickte Mützchen, Holzrasseln und -beißringen bis hin zu ABC-Holzklötzchen, die in verschiedensten Sprachen unter anderem auch Arabisch, Japanisch, Chinesisch, Norwegisch oder Griechisch lieferbar sind. Das gemalte Schild über der Eingangstür, die kreative Schaufensterdekoration und die bunte Lichterkette ziehen einen förmlich in dieses Spielzeugparadies. Hier möchten nicht nur die Kleinen für immer spielen und bleiben, auch die großen Kinder alias die Erwachsenen finden besondere Präsente, die sie glücklich machen. Sei es eine Ritterburg aus echten Steinen, eine Mini-Musik-Box oder ein zukunftsweissagender Strampler, der erst beim Auspacken verrät, was der Stammhalter oder die Familienprinzessin einmal werden wird.

Egal zu welcher Tages und Nachtzeit man am direkt an der nächsten Ecke – East 9th Street und 2nd Avenue – gelegenen *Veselka* vorbeikommt, es gibt immer herzhafte, ukrainische Klassiker, die einem Leib und Seele wärmen. Selbst wenn man nur einen Kaffee trinken will, ist das *Veselka*, ukrainisch für Regenbogen, dank seiner bunten, quirligen Atmosphäre ein guter Ort, um sich mit Freunden zu treffen oder einfach eine Pause einzulegen. 1954 eröffneten Wolodymyr Darmochawal und seine Frau Olha zuerst einen Süßigkeiten- und Zeitungskiosk. Mit den Jahren veränderte sich das *East Village* und damit auch das *Veselka;* es entwickelte sich von einem kleinen Shop in ein großzügiges, offenes Restaurant.

In den 60er Jahren bot das Lokal einen Treffpunkt für die in den 1930ern immigrierte ukrainische Gemeinde, aber auch für die Mitglieder der Gegenkultur des Viertels. Mit dem wirtschaftlichen Aufschwung in den 80er Jahren entdeckten Kritiker das Restaurant für sich, begannen positive Rezensionen in namhaften Zeitschriften zu verfassen und machten es über die Grenzen des Viertels hinaus bekannt. Heute ist das *Veselka* eines der letzten ukrainischen Restaurants in ganz New York City. Es ist beliebt und berühmt für seine Pierogis, mit Kartoffeln gefüllte Teigtaschen, von denen es an einem guten Tag bis zu 3.000 produzieren muss, um all die hungrigen Mäuler zu stopfen. Die Leitung ist immer noch in der Hand der Familie Darmochawal; der Schwiegersohn und der Enkel des Gründers führen das Restaurant. Seit der Enkel eingestiegen ist, ist das Lokal 24 Stunden, sieben Tage die Woche geöffnet. Das Bier ist günstig, eiskalt und kommt in 20oz, etwa ein halber Liter, Pints aus dem Zapfhahn direkt auf den Tisch. Die osteuropäische Küche ist sicherlich eine der fleischlastigeren, doch auf der Karte des *Veselkas* finden sowohl Vegetarier als auch Karnivoren das Richtige!

Veselka © Miguel Marqueta

Jetzt noch einen Kaffee ... Direkt gegenüber vom *Veselka* ist der einzige Starbucks des *East Village*. Das Viertel ist größtenteils frei von Ketten, deshalb ist diese Filiale des Kaffeeriesen auch perfekt an seine leicht abgerissene, rockig schicke Umgebung angepasst: Offene, helle Bruchsteinwände, dicke, silberne Rohre verlaufen unter der Decke und die Wände sind weiß. Der Kaffee ist stärker und eine andere Sorte als im *Financial District* oder der *Upper East Side*. Die Musik orientiert sich am Wochenende abends an den ausgehfreudigen Bewohnern der Nachbarschaft; dumpfe Bässe und technische Klänge, Lady Gaga und Lou Reed dröhnen aus den Boxen. Nachmittags und unter der

Woche ist es hier ruhiger, dafür sehr lässig und Viele nutzen es als externes Arbeitszimmer.

Physical Graffitea © Miguel Marqueta

Wer lieber einen Tee hätte, der geht nochmal in den St. Marks Place hinüber ins *Physical Graffitea*. Benannt nach dem *Physical Graffiti*-Album von *Led Zeppelin*. Das Cover zeigt das Haus, in dessen Keller der Teeladen seit 2011 seine Zelte aufgeschlagen hat. Verkauft wird hier ausnahmslos loser, fair gehandelter Bio-Tee. Mit einer riesigen Auswahl (schwarzer, grüner, weißer, Oolong, Jasmin, Chai, Pu-Erh, Rooibos, Mate und Kräutertee) und absolut informierten Mitarbeitern kann man sich entweder eine Tüte mit nach Hause nehmen, auf dem Sofa zusammenrollen und eine frisch aufgebrühte Tasse großartigen Tees genießen oder man setzt sich an einen der fünf kleinen Tische im *Graffitea* und lässt die Seele vor Ort baumeln. Das Café ist kaum breiter als die lange Theke und das raumgreifende Regal mit den silbernen Teedosen, bietet aber mit einer offenen, roten Backsteinwand, einem handgemalten Baum in einer Ecke, viel warmem Licht und leiser Musik eine gelöste Atmosphäre. Der Tee wird in dicken, bauchigen, kunterbunten Kannen und dazu passenden Tassen serviert. Das Publikum ist gemischt, die Yogis aus dem oberen Stockwerk kommen genauso her wie Studenten oder werdende Mütter.

Wer sich mit dem ukrainischen Essen im *Veselka* nicht anfreunden konnte, hat jetzt eine weitere Chance seinen Hunger in einem der beliebtesten *East Village* Imbisse zu stillen, dem *Dumpling Man*. Der nur ein paar Schritte vom Teeladen entfernte Imbiss serviert seinen Gästen, wie der Name schon sagt, Dumplings. Allerdings, und das ist definitiv etwas Besonderes, gibt es im Imbiss von Lucas Lin die kleinen gefüllten Teigtaschen immer frisch. Wie in einer Sushibar, kann der Gast direkt an der Theke sitzen und den chinesischen Chefs live dabei zuschauen, wie sie den Teig mit Gemüsesaft einfärben, ausrollen, füllen – mit Gemüse, Fleisch oder Fisch – und dann direkt an den Koch weitergeben, der sie dämpft oder brät. Lin fuhr extra nach China, um die feine Art des *tang-mian*, des nordasiatischen Dumpling-Teigs zu erlernen. Das hat sich definitiv gelohnt: Im poppig orangenen Interieur die herrlich heißen Teigtaschen zu genießen, allein dafür fahren viele ins *East Village*.

Mit vollem Magen hat man schon mal die richtige Grundlage für ein paar Cocktails geschaffen. Nicht nur im Viertel, sondern in ganz New York City, ist das *Please don't tell* als absolutes Unikat bekannt. Eine Wegbeschreibung oder gar eine Adresse sucht man auf der Website des *pdt* allerdings vergeblich. Alles, was einem verraten wird, ist eine Telefonnummer, über die man Reservierungen ab 15.00 Uhr für den gleichen Tag machen kann. Und es wird noch geheimnisvoller, hat man endlich eine Adresse herausbekommen, ob durch Reservieren oder Mundpropaganda sei dahingestellt, und kommt vor Ort an, ist alles, was man sieht ein *Crif Dog;* ein Hotdog-Laden mit dem passenden *Eat me*-Würstchen als Aushängeschild.

Please don't tell versteckt hinter dem *Crif Dog* © Miguel Marqueta

Fragt sich nur, wie kommt man in die ab 18.00 Uhr geöffnete Bar? Ganz einfach, man geht in den *Crif Dog* und nimmt in der antiken Telefonzelle den Hörer ab. Freundlich erfragt man, ob noch Platz ist und sollte dem so sein, öffnet sich die Rückwand der Telefonzelle und man wird in die intime, dezent beleuchtete Bar gelassen. Hier gibt es hochklassige Cocktails, preislich nicht ganz günstig, aber das sind sie ja nirgendwo in NYC. Wenn man will, kann man sich Kleinigkeiten aus dem Imbiss nebenan, die durch eine unscheinbare Klappe in der Wand hindurch gereicht werden, dazu bestellen. Wartezeiten sind üblich, aber wenn man es erst einmal ins *pdt* geschafft hat, kann man sicher sein, dass man in einer der außergewöhnlichsten Bars der Stadt gelandet ist. Chin chin!

Highlights East Village

1) St. Marks Bookstore

noch 31 3rd Avenue, New York, NY

Website: www.stmarksbookshop.com

2) Search & Destroy

25 St. Marks Place, New York, NY

3) Pommes Frites

123 2nd Avenue, New York, NY

Website: www.pommesfritesnyc.com

4) Van Leeuwen Ice Cream

48 East 7th Street, New York, NY

Website: www.vanleeuwenicecream.com

5) Barbara Feinman Millinery

66 East 7th Street, New York, NY

Website: www.barbarafeinmanmillinery.com

6) Fab 208

75 East 7th Street # 2, New York, NY

Website: www.fab208nyc.com

7) Still House

117 East 7th Street, New York, NY

Website: www.stillhousenyc.com

8) Tea Drunk

123 East 7th Street, New York, NY

Website: www.t-drunk.com

9) Creative Little Garden

530 East 6th Street, New York, NY

Website: www.creativelittlegarden.org

10) Tompkins Square Park

11) The Upper Rust

445 E 9th Street, New York, NY

12) Dinosaur Hill

306 East 9th Street, New York, NY

Website: www.dinosaurhill.com

13) Veselka

144 2nd Avenue, New York, NY

Website: www.veselka.com

14) Starbucks

145 2nd Avenue, New York, NY

Website: www.starbucks.com

15) Physical Graffitea

96 St. Marks Place, New York, NY

Website: www.physicalgraffitea.com

16) Dumpling Man

100 St. Marks Place, New York, NY

Website: www.dumplingman.com

17) Please Don't Tell (pdt)

113 St. Marks Place, New York, NY Website: www.pdtnyc.com

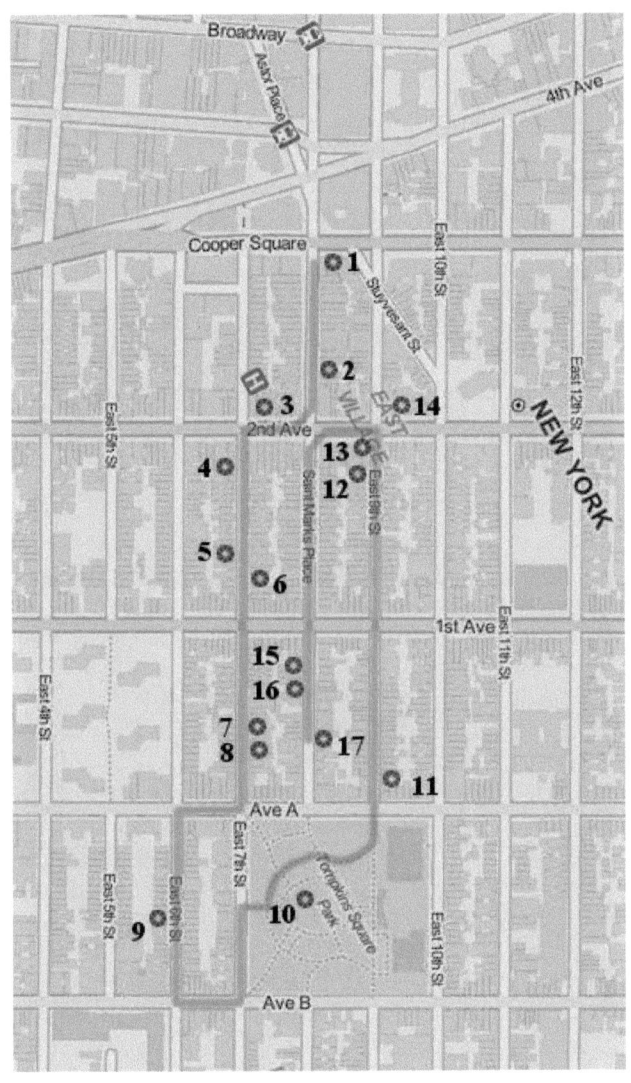

East Village © OpenStreetMap.org contributors

Lower Manhattan

The city seen from the Queensboro Bridge is always the city seen for the first time, in its first wild promise of all the mystery and the beauty in the world. –
F. Scott Fitzgerald

Battery Park © Miguel Marqueta

Die ersten Siedler Manhattans waren Holländer. Sie landeten 1623 dort, wo *Hudson* und *East River* sich treffen, an der südlichsten Spitze von Manhattan und gründeten eine Stadt: New Amsterdam, Vorgänger von NYC. Um die noch junge Stadt vor Angreifern aus dem offenen Meer zu schützen, bauten die Holländer 1626 eine Festungsanlage, die sie *Fort Amsterdam* nannten. Dort gab es natürlich eine erste Kanonen-Geschützgruppe, englisch battery, um sich im Notfall verteidigen zu können. Diese ‚Battery' wurde Namensgeber des Parks, der anstelle des Forts einst entstehen sollte und auch heute, nach einigen Aufs und Abs, immer noch existiert.

173

Bereits im frühen 18. Jahrhundert entdeckten die Bewohner der Insel das Gelände am Wasser als Naherholungsgebiet; man kam wegen der hübschen Promenade und dem Blick auf den Hafen. Das Fort wurde letztendlich abgerissen und seine Überreste erweiterten den Park. Ein neues Fort, *Castle Clinton*, entstand. Zu dieser Zeit, 1808-1811, war der Park bereits etwa 4 ha groß. Je mehr die umliegenden Flächen als Baugrundstücke erschlossen wurden, umso mehr profitierte der Park von Aufschüttungs- und Ausgrabungsüberresten; 1855 umschloss er bereits *Castle Clinton*. Da immer noch keine Angreifer von See her in Sicht waren, benannte man das Fort in *Castle Garden* um und nutzte seinen Naherholungswert für erste touristische Zwecke, Demonstrationen, Konzerte und Performances.

Battery Park © Miguel Marqueta

1855 bis 1890, lange bevor *Ellis Island* entstand, wurde *Castle Garden* als Auffanglager für über acht Millionen Emigranten aus der alten Welt genutzt. 1890 wurde es erneut umgerüstet und beherbergte bis 1941 das *New York*

Aquarium. Seit 1950 ist *Castle Clinton* ein Nationalmuseum, das die Anfänge von New York City, damals noch New Amsterdam, dokumentiert. Und der Park drum herum ist heute allgemein bekannt als *Battery Park.* Mittlerweile misst er 10 ha und ist einer der attraktivsten, aber auch am stärksten gebeutelten Parks von NYC – während 9/11 wurde ein Teil durch die Nähe zum *World Trade Center* zerstört. Noch stärker traf ihn aber *Hurrikane Sandy,* als er 2012 über NY hinwegfegte und weite Teile der historischen Grünanlage verwüstete. Trotzdem erholte sich der Park erneut und eine Umgestaltung ist in Planung.

Selbst jetzt ist die südlichste Spitze von Manhattan eine absolute Augenweide. Am besten stellt man sich direkt ans Hafenbecken, mit dem Blick auf die Freiheitsstatue, die Luft riecht irgendwie nach Meer, aus dem Wasser ragen Holzpfähle, Möwen kreisen. Überall sind hingebungsvoll Blumenbeete gepflanzt, die mit ihren hohen Gräsern und Farnen an Meer und Dünenlandschaften erinnern. Es riecht, schmeckt und sieht förmlich wie Urlaub aus. Besonders schön ist der Park zur blauen Stunde, kurz vor Sonnenuntergang. Wenn sich der Himmel langsam milchig färbt, man auf einer der vielen Bänke Platz nimmt und die ruhige Abendstimmung auf sich wirken lässt – Entspannung pur.

Im *Battery Gardens* kann man die tolle Aussicht bei einem leckeren Essen genießen. Das Restaurant hat draußen einen kleinen Biergarten rund um einen alten, knorrigen Baum von dessen runzligen Ästen kugelrunde Lampen hängen und die Szenerie nach Sonnenuntergang in romantisches Licht tauchen.

Church of Our Lady of the Rosary © Miguel Marqueta

Von dort schlendert man aus dem Park hinaus und kommt direkt auf die
Church of Our Lady of the Rosary zu. Eine kleine, viktorianische Kirche, die
sich trotzig zwischen den riesigen Wolkenkratzern des *Financial District* be-
hauptet. Immer wieder gibt es in NYC Häuser, die stehen geblieben sind.
Wehrhafte dreistöckige Wohnhäuser, die sich umrundet von den Glas- und
Beton-Riesen der Stadt sehen. Nirgendwo wird dieser Unterschied jedoch
deutlicher, als bei dieser hübschen rot-weißen Kirche. Ein Ort wie aus einem
Kinderbuch.

Rechts geht es an der Kapelle vorbei, der Blick fällt dabei direkt auf den Eingang zur *Staten Island Ferry*. Wer Zeit und Lust hat, fährt am Wochenende mit der Fähre, am besten kurz vor Sonnenuntergang. So kann man im weichen, ausgehenden Licht der Dämmerung an der Freiheitsstatue vorbeifahren und auf der Rückfahrt die Skyline von Manhattan in ihrer glitzernden Pracht bewundern.

Der Spaziergang geht jedoch weiter die Water Street hinunter, mitten hinein in den *Financial District* mit seinen Banken und Versicherungen. Ein Wolkenkratzer größer und pompöser als der andere, bis man auf die Wall Street trifft. Bevor es jedoch rauf Richtung Börse geht, sollte man sich rechts halten und in einem der coolsten Starbucks der Stadt einen Kaffee holen. Obwohl das Kaffee-Imperium eine Kette ist und das üblicherweise ein normiertes Aussehen voraussetzt, hat sich Starbucks in New York City etwas Besonderes einfallen lassen: Die meisten Filialen sind an das Viertel, in dem sie stehen, angepasst. So auch der Starbucks kurz vor den Piers. Passend zur finanziellen Elite, von der er umgeben ist, ist auch die Einrichtung modern und edel. In der Mitte des quadratischen Raumes steht ein langer, rustikaler Holztisch, den Industriehocker und -stühle umringen.

Blick über den *East River* nach Brooklyn © Miguel Marqueta

Vor den Toiletten, die mit einer Glaswand vom restlichen Bereich abgetrennt sind, steht eine niedrige, graue Lederbank im Chesterfield-Stil. Die Wände sind mit einer anthrazitfarbenen Strukturtapete versehen und die Wand hinter dem Verkaufsbereich erinnert an die edle Version einer Backsteinmauer: Hochglanzlackierte, rostrote bis braune Fliesen verkleiden den Bereich. Jeder, der hier in der Nähe ist, sollte sich einen Caramel Macciato, oder was immer sein Kaffee-Herz höher schlagen lässt gönnen, und runter an die Piers am *East River* gehen. Entweder setzt man sich auf eine Bank oder man stellt sich gegenüber der Einfahrt zur Wall Street direkt an den Fluss. Mit einer unvergleichlichen Aussicht auf das auf der anderen Seite liegende Brooklyn und die *Brooklyn Bridge* (zur Linken), kann man hier für eine Weile die Füße baumeln lassen und den Blick genießen. Kommt man am Wochenende, kann man von hier aus auch beobachten wie sich eine lange und immer länger werdende Schlange alle 40 Minuten an Pier 11 (zur Rechten) bildet. Von hier startet die

IKEA-Fähre direkt zum beliebten Einkaufshaus und das Beste: Am Wochenende ist die Fahrt kostenfrei.

Genug ausgeruht und zurück zur Wall Street. Je weiter man nach Westen kommt, desto mehr versteht man, wieso dieses Viertel das Finanzzentrum der USA genannt wird. Wer hier einen Büroturm besitzt, der hat es geschafft. Vorbei an *Tiffany & Co*, dem *Trump Tower* und der *Deutschen Bank* gelangt man zum wahrscheinlich mächtigsten Unternehmen der Welt, dem *New York Stock Exchange*, kurz *NYSE*, der finanzstärksten Börse der Welt. 2013 wurden hier 16.613 Billionen Dollar hin und her geschoben, das tägliche Handelsvolumen beträgt etwa 169 Milliarden Dollar. Steht man schließlich vor dem majestätischen Haupteingang, läuft einem kurz ein kalter Schauer über den Rücken: Soviel Macht in nur einem Bauwerk versammelt, das ist nicht nur beeindruckend, sondern auch beängstigend.

Die *NYSE* war schon immer an der Wall Street zu Hause. Man kann ihre Geschichte bis ins Jahr 1792 zurückverfolgen: Damals unterschrieben 24 Händler unter einer amerikanischen Platane, englisch Buttonwood Tree, einen Vertrag, das *Buttonwood Agreement*, der den Handel in New York City regeln sollte. Sie gründeten damit eine Vereinigung der Händler, die seit 1863 unter ihrem heutigen Titel *New York Stock Exchange* operiert. Mit dem Börsenboom in den späten 1890er Jahren wurde schnell mehr Platz benötigt und man entschied sich ein eigenes Gebäude für den Handel zu errichten. George B. Post setzte seinen neoklassizistischen Vorschlag, bei dem unter anderem sechs massive Säulen den Haupteingang einfassen, bis 1903 um. Der ständige Wachstum des Handels führte dazu, dass von 1922 bis 2000 immer wieder neue Bauten und damit neue Börsensäle (1922 *The Garage*, 1969 *The Blue Room*, 1988 *The Extended Blue Room* und 2000 *The Bond Room*) geschaffen wurden. 2007 schloss die *NYSE* alle nachträglich hinzugefügten Räume wieder, da mit der Einführung der elektronischen Bieterschaft die Anwesenheit der Broker vor Ort nicht mehr nötig war.

Von der *Wall Street* geht es weiter rauf bis zum Broadway. Seit über 300 Jahren steht an dieser Kreuzung die *Trinity Church*. Die heutige Kirche ist das dritte Bauwerk, das unter diesem Namen erbaut wurde. Eine erste Version stand von 1698 bis 1776 und wurde vom großen Feuer von New York City zerstört. Die zweite wurde 1790 fertig gestellt und musste 1839 wegen starken Wetterschadens eingerissen werden. Die aktuelle *Trinity Church* öffnete 1846 ihre Tore. Seitdem steht die neugotische Kirche zwischen all den neuen wie alten Wolkenkratzern. Sie liegt in unmittelbarer Nähe des neuerbauten *1WTC*. Der extreme Kontrast zwischen alt und neu übt einen ganz besonderen Reiz aus. Wer Zeit hat, sollte hinein gehen: Die sandsteinfarbenen Arkadengänge an den Seitenschiffen sowie das zentrale, bunte Fenster über dem Altar im hinteren Bereich der Kirche, erzeugen eine ruhige, sakrale Stimmung.

Vor dem Eingang zum Broadway steht eine besondere Baumskulptur: Als am 11. September der erste Turm fiel, riss die Druckwelle eine riesige Platane mit sich, die fast seit einem Jahrhundert im Garten der *St. Paul's Chapel*, die zur *Trinity Church* gehört, stand. In Gedenken an dieses tragische Ereignis verwandelte der Bildhauer Steve Tobin die Wurzeln jenes Baumes in eine beeindruckende, rostrote Skulptur, die seit 2005 an die tragischen Ereignisse erinnert.

Von der *Trinity Church* geht es weiter den Broadway hinauf, hier stehen einige der ältesten Wolkenkratzer von New York, ja der ganzen Welt. Es lohnt sich, immer mal wieder links und rechts zu schauen und sich die ornamentgeschmückten Riesen nicht entgehen zu lassen. Biegt man in die Dey Street links hinein, öffnet sich ein spektakulärer Blick auf das neue *1WTC*, von den NYern auch *Freedom Tower* genannt.

Die erste Idee zu einem *World Trade Center*, einem Handelszentrum, an dem Macht und Ressourcen gebündelt und von dem aus die Finanzwelt beherrscht werden könnte, kam 1943 auf. Die Pläne wurden jedoch aufgrund des zweiten Weltkriegs schnell wieder auf Eis gelegt. In den 40er und 50er Jahren konzentrierten sich die Investitionen von Firmen und Institutionen vor allem auf Midtown, bis einer der Rockefellers, genauer gesagt David Rockefeller, den Stein erneut ins Rollen brachte. *Port Authority*, zuständig für die regionale

Verkehrs-Infrastruktur, beschloss, auf Anraten Rockefellers hin, ein solches *World Trade Center* zu bauen. 1962 wurde Minoru Yasamaki als leitender Architekt auserwählt, von ihm stammt auch der Entwurf mit den Zwillings-Türmen. Ursprünglich sollten diese jeweils 80 Stockwerke hoch werden, man erhöhte sie aber aufgrund von räumlichen Anforderungen seitens *Port Authority* final auf 110. Insgesamt belegten sie 4.046 m^2 der Gesamtfläche des WTC.

Zusätzlich zu den zwei Türmen sind vier weitere, kleinere Bauten (*3WTC, 4WTC, 5WTC*) in den frühen 70er und das *7WTC* in den frühen 80er Jahren hinzugekommen. Der gesamte *World Trade Center*-Komplex umfasst 65.000 m^2. Alle Häuser zusammen stellen 1,24 Millionen m^2 Bürofläche zur Verfügung. Eine bis dato nicht dagewesene Dimension. Kein Wunder also, dass die Attentate von 9/11 auch auf einer verhältnismäßig kleinen Fläche Tausende von Menschen in den Tod rissen. In einer koordinierten Attacke flogen am 11. September 2001 zwei Flugzeuge in die *Twin Towers* von Manhattan. Der Südturm fiel als erstes. Nach etwa einer Stunde Brand brach der über 400 m hohe Turm in sich zusammen, riss hunderte von Menschen in den Tod und begrub mindestens genauso viele unter einer dichten Aschewolke. Der Nordturm folgte eine Stunde später. Drei der anderen *WTC*-Gebäude wurden gänzlich zerstört, zwei stark beschädigt. Die Druckwelle zerbarst die Fensterscheiben in hunderten von Häusern in *Lower Manhattan*. Die umherfliegenden Trümmer zerstörten viele Häuser und Menschenleben. Bei den Anschlägen vom 11. September starben 2.753 Menschen. Die Aufräumarbeiten dauerten acht Monate. Schnell war jedoch klar, dass es ein neues *World Trade Center* geben würde, dass man sich nicht dem Terror einiger weniger geschlagen geben wollte.

Century 21 und das neue *1WTC* © Natalie Wichmann

Den ausgeschriebenen Wettbewerb gewann Star-Architekt Daniel Libeskind. Die ehemals sieben Türme sollten durch sechs neue, ein Memorial und eine eigene Haltestelle ersetzt werden. David Childs, der heutige leitende Architekt, stieg 2005 in das Projekt ein und änderte Libeskinds Entwurf radikal ab. Das *One World Trade Center*, auch *1WTC* oder *Freedom Tower*, steht heute an der Stelle, auf der einst das *6WTC* gestanden hat. Dort, wo früher einmal die Zwillings-Türme standen, ist ein Memorial, das die Fläche beider Türme als Wasserbassins verkörpert, eingelassen worden. Der Bau des *1WTC* wurde 2006 begonnen, die Stahlkonstruktion wurde 2012 fertiggestellt, 2013 mit Einsetzen der Spitze erreichte das zukünftige Bauwerk seine Maximalhöhe von 1776 feet (541 m). Für die Amerikaner eine symbolische Zahl, eng verknüpft mit dem Beginn ihres Unabhängigkeitskriegs und dem Kampf für die Freiheit.

Eines der 2001 ebenfalls stark beschädigten, umliegenden Gebäude ist das *Century 21*. Zuerst war unklar, ob das 1961 gegründete Marken-Outlet wieder aufgebaut werden würde. Die Besitzer wollten ihren exklusiven Standort jedoch nicht so einfach aufgeben und renovierten am Ende das gesamte Haus. Im Sommer 2002, zur Wiedereröffnung, standen hunderte von New Yorkern Schlange, um sich einen Kassenbon von diesem Tag zu sichern. Das *Century 21*, in dem sich auch schon Fashion Ikone Carrie Bradshaw aus *Sex and the City* durch das Meer an *Armanis* und *Calvin Kleins* gewühlt hat, ist eine der besten Shoppingadressen von Manhattan.

Neben dem Hauptgeschäft in der Cortland Street gibt es mittlerweile sechs weitere im Großgebiet New York/New Jersey. Hier kann man einfach ALLES kaufen und das immer mit mindestens 65% Rabatt. Hochwertige Markenschuhe, -kleider, -hosen, -pullis, -sportkleidung, -unterwäsche, -haushaltswaren, -handtaschen, -kosmetik, -accessoires und mehr. Man sollte allerdings, wenn möglich, frühmorgens unter der Woche gehen. Sonst kann es schnell voll werden und zu enorm langen Schlangen vor den Umkleidekabinen kommen. Selbst Rangeleien um ein extrem reduziertes *Chanel*-Kostüm soll es schon gegeben haben. Wer keine Angst vor Unmengen an Kleidung hat, der kann hier das Schnäppchen seines Lebens machen.

Weiter den Broadway hinauf, trifft man schnell auf einen der ältesten Wolkenkratzer der Staaten: das *Woolworth Building*. Leider kann man hier nicht einfach hineinspazieren, denn die Lobby ist ein herausragendes Werk der Innenarchitektur. Wer will, kann allerdings eine Tour buchen, die bei 15 Dollar für eine halbe Stunde startet. Doch auch von außen ist das Bauwerk von 1913 ein absolutes Schmuckstück. F. W. Woolworth beauftragte Cass Gilbert mit dem Bau eines 20-stöckigen neuen Hauptsitzes für seine Firma auf dem 1910 von ihm erworbenen Grundstück in *Lower Manhattan.* Mit finalen 60 Stockwerken auf 241 m Höhe, beim Bau war es der größte Wolkenkratzer der Welt, beeindruckenden 5.000 Fenstern und einem der damals schnellsten Aufzüge der Welt, war das *Woolworth Building* ein Vorreiter für den modernen Wolkenkratzer und seiner Zeit um Längen voraus. Das zeigte sich vor allem in der Liebe zum Detail, die sowohl in der Außenfassade als auch im Innenausbau deutlich wird. Die Front des Baus besteht aus kalksteinfarbenem Terrakotta.

Blick auf das *Woolworth Building* und das *1WTC* © Miguel Marqueta

Das gesamte Gebäude ist durchgehend bis zum pyramidenförmigen Dach mit kleinen, verschnörkelten Schmuckelementen verziert. Diese finden sich ebenfalls in der Lobby wieder, die als eine der schönsten des frühen 20. Jahrhunderts gilt. Voll ausgekleidet mit Marmor, einer spektakulär gewölbten Mosaik-Decke, einem gläsernen Deckenlicht sowie einzigartigen Gemälden und Skulpturen, ist diese Eingangshalle definitiv Cass Gilberts architektonisches Meisterstück.

Dank seiner Ähnlichkeit mit einer europäischen Kathedrale wurde das *Woolworth Building* von den Anwohnern häufig spöttisch die „Cathedral of Commerce", die Kathedrale des Kommerzes, genannt. Hier wurde nicht nur viel Geld in den Bau investiert, der verschlang damals stolze 13,5 Millionen Dollar, sondern der antike Wolkenkratzer erzielte auch immer wieder Höchstpreise bei Mietern und Käufern. Bis 1998 war das *Woolworth Building* noch im Besitz der *Woolworth Company*, danach wurde es für 155 Millionen an die *Witkoff Group* verkauft. Diese sicherte 2012 die obersten 30 Stockwerke *Alchemy Properties* zu, die dort Luxusapartments planen. Der Preis pro Quadratmeter liegt aktuell bei 30.000 Dollar. Alle unteren Stockwerke werden weiter als Büros genutzt. Einen der besten Blicke auf das Bauwerk hat man, wenn man am Eingang des *City Hall Parks* steht. Es ist eines jener Gebäude, die einem den Atem rauben, an denen man ehrfürchtig hinauf blickt und den voran gegangenen Generationen von Handwerkern und Architekten Respekt zollt für eine Leistung, die selbst heute eine Herausforderung für alle Beteiligten wäre. Und das haben diese Menschen damals, 1913, vollbracht.

Der *City Hall Park* ist einer der beliebtesten Spots für Kunst im öffentlichen Raum, der Fokus liegt dabei auf moderner Kunst. Entstanden ist der Park in Abhängigkeit zur *City Hall*, die in seinem Zentrum liegt. 1818 beherbergte er das erste Kunstmuseum der Stadt und 1871 kam die heute als so typisch für das Grün in *Lower Manhattan* empfundene Fontäne, im Zentrum des südlichen Bereiches, hinzu. Jacob Wrey Mould, der ebenfalls die *Bethesda Terrace* im *Central Park* mitgestaltete, erdachte diesen neuen Brunnen, der neben seiner Zeit im *City Hall Park* auch einige Jahre in der Bronx verbrachte, bevor er 1999 bei einer Großrenovierung des Parks wieder zurückgeholt wurde.

Allerdings erweitert um ein romantisches Lampenensemble: An jeder Ecke des quadratischen Bassins steht eine hoch aufragende Leuchte mit fünf kleinen Gaslampen am oberen Ende. Die echten Flammen geben dem Park im Abendrot einen klassischen, an die Zeiten von Kutschen, Reifröcken und Scarlett O'Hara erinnernden, Look.

Seit 1939 ist der Park wieder in seiner ursprünglichen Dreiecksform angelegt: Im vorderen, schmaleren Bereich sind die öffentlich zugänglichen Rasenflächen, Besucherwege und Blumenbeete. In der Mitte liegt die *City Hall* und im hinteren Drittel das *Tweet Corthouse*, das alte Gerichtsgebäude der Stadt, in dem heute das *New York City Department of Education* (das Amt für Bildung und Lehre) untergebracht ist.

Die *City Hall* dagegen beherbergt immer noch, seit 1812 durchgängig, das Büro des Bürgermeisters von New York City. Mit der Zusammenlegung der fünf Stadtteile – Bronx, Staten Island, Manhattan, Queens und Brooklyn – 1898 wurde jedoch wesentlich mehr Platz für die Verwaltung gebraucht. Deshalb sind 13 der 18 kommunalen Untereinheiten, die ebenfalls dem Bürgermeister unterstehen, seit 1914 im nahe gelegenen *Manhattan Municipal Building* untergebracht. Das steht gegenüber der südöstlichen Ecke des Parks an der Center Street.

City Hall Park Fontäne © Miguel Marqueta

McKim, Mead and White, die Architekturfirma, die ebenfalls die *Columbia University* in *Morningside Heights* gestaltete, zeichnete verantwortlich für das Design des *Manhattan Municipal Building*. Bis 2009 konnte man in dem 177 m hinauf ragenden Beaux-Arts inspirierten Bau noch heiraten; über 18.000 Menschen gaben sich hier das Ja-Wort. Für die goldene Statue, installiert auf dem höchsten Turm, posierte 1913 Audrey Munson dem Bildhauer Adolph A. Weinman. Wer ein gutes Auge hat (und ein Fernglas), kann Munsons Gesicht auch noch auf weiteren Statuen in New York City entdecken. Sie stand unter anderem für die *America-Figur* von Alexander Hamilton, außerdem für Weinmans *Day & Night*, die vor der alten *Pennsylvania Station* steht und ein Dutzend anderer Skulpturen in Manhattan Modell.

Für die heutige *City Hall* dagegen wurde, nach zwei vorangegangenen Bauten, 1802 ein Architekturwettbewerb ausgeschrieben. Joseph Francois Mangin, seines Zeichens französischer Architekt, der ebenfalls die *St. Patrick's Old Cathedral* erbaut hat, und John McComb Jr., der bereits *Castle Clinton* im

187

Battery Park mitgestaltet hat, entschieden die Ausschreibung schließlich für sich. Mangin als Hauptarchitekt und McComb als Bauleiter sowie für architektonische Details zuständig. Gemeinsam entschieden sie sich, die Außenfassade im Stil der französischen Renaissance, die Innenarchitektur jedoch im amerikanisch-georgianischen Stil zu halten.

Das Rathaus ist dreigeteilt, es gibt einen Haupteingang, der über einige wenige Stufen erreicht werden kann und zwei Flügel. Offizielle Anlässe wurden damals wie heute im *Governor's Room* abgehalten, im *Blue Room* dagegen werden Pressekonferenzen gegeben und im *Room 9* ist ein Pressebereich eingerichtet, aus dem Journalisten der unterschiedlichsten Medien über die Stadt berichten.

Von der *City Hall* aus verlässt man den *City Hall Park* an der östlichen Seite und schlendert die Center Street weiter nach Norden. Links taucht direkt der Eingang zur *Brooklyn Bridge* auf. Von hier starten sowohl der Autoverkehr als auch die Fußgänger, um auf die andere Seite des *East River* zu wechseln. Weiter auf der Center Street kommt man zum *Foley Square*. Die umliegenden Bauten gehören ebenfalls größtenteils zum Justizwesen. Eines der bekanntesten und wichtigsten ist das *New York State Supreme Court Building*, hier tagt der oberste Gerichtshof des Staates New York. Klassisch-romanischer Stil, hexagonal angelegt, granitverkleidet, die Front von 20 mächtigen Säulen getragen, erweckt der massige Bau schnell den Eindruck eines griechischen Tempels. Über dem Eingang thront, typisch für diese Architektur, ein flaches Dreieck, an dessen unterem Rand folgende Worte, angeblich von Landesvater George Washington erdacht, eingemeißelt wurden: „The True Administration of Justice is the Firmest Pillar of Good Government" („Wahre Rechtspflege ist die stärkste Säule einer guten Regierung"). Seit 1927 werden hier die wichtigsten Entscheidungen im Staat New York getroffen. Außerdem spielten schon viele Polit-Thriller, Anwaltsfilme und Serien wie *Law & Order* auf den berühmten Stufen eines der mächtigsten Gerichte der USA.

Es geht die Center Street weiter Richtung Norden, auch hier kommt man immer wieder an unterschiedlichen Gerichtsgebäuden vorbei. Vereinzelt sieht man einen der alten Busse für Gefängnisinsassen, wie man sie aus dem Fernsehen kennt. Vom Umriss her wie die gelben amerikanischen Schulbusse, nur sind sie weiß und die Fenster vergittert. Im Dunkeln kann einen hier schon mal ein leicht mulmiges was-wäre-wenn Gefühl überkommen, sehen sie doch aus wie aus den 70ern und wurden wahrscheinlich seitdem nicht erneuert.

Schnell weiter und schon findet man sich auf der Canal Street mitten in *Chinatown* wieder. Beinahe unbemerkt haben sich alle Shops in Asia-Läden oder -Restaurants verwandelt, die Verkehrsschilder sind sowohl in englischen als auch in chinesischen Schriftzeichen und biegt man rechts in die Canal Street ab, steht man direkt vor dem majestätischen Drachen am Infopoint; einem der beliebtesten Treffpunkte des Viertels. Etwa 100.000 Chinesen leben heute in *Chinatown*, es ist eines der ältesten chinesischen Viertel außerhalb von China.

Alles begann mit Ah Ken, angeblich der erste Immigrant, der in den 1840er Jahren nach New York kam. Der einzige Job, den er ergattern konnte, war der eines *Cigar Man*: Er verkaufte den Gentlemen auf der Straße einzelne Zigaretten. Die nach Ah Ken in New York City ankommenden Chinesen fassten größtenteils ebenfalls Fuß in diesem Geschäftszweig. Ken fungierte als ihr Vermieter und Dolmetscher und erwirtschaftete sich dadurch genug Geld für ein eigenes Zigarettengeschäft. So verhalf er nicht nur sich selbst zu größerem Reichtum, sondern kurbelte auch *Chinatowns* Wirtschaft ordentlich an und führte das Viertel zu schnellem Wachstum: 1870 gab es 200 Chinesen in *Chinatown*, 1882 bereits 2.000 und 1900 stieg die Zahl auf 7.000, davon waren allerdings nur 200 Frauen. Einer der Gründe dafür mag sein, dass *Chinatown* lange Zeit nicht sicher war. Die frühen Jahre des Viertels wurden von den so genannten *tongs* geprägt. Sie verstanden sich als Clubs oder Clans, die Neuankömmlinge unterstützten und für Ordnung sorgten. Sie waren nichts anderes als eine chinesische Variante der Mafia. Sie hatten das Gebiet untereinander aufgeteilt und ließen ihre Exekutive – jede *tong* hatte eine eigene Gang – durch die ihnen zugewiesenen Straßen patrouillieren.

Fischhändler in *Chinatown* © Miguel Marqueta

Zwei *tongs* lieferten sich einen immerwährenden Kampf um die Machtposition in *Chinatown*: Die *On leong* kontrollierten mit ihrer Gang, den *Ghost Shadows,* die Mott, die Canal, die Bayard und die Mulberry Street. Die *Hip Sing* ließen ihre *Flying Dragons* in der Doyers, der Pell, der Bowery, der Grand und der Hester Street für Ordnung sorgen. Bis in die 1990er Jahre kam es zwischen ihnen immer wieder zu offenen Bandenkriegen. Erst seit den 2000ern ist *Chinatown* wirklich sicher für Touristen und Besucher. Das liegt an der Gentrifizierung des Viertels und dem stetig wachsenden nicht-chinesischen Bevölkerungsanteil in *Chinatown*.

Seit 2007 wurden immer wieder verkommene Altbauten saniert und die damals noch verhältnismäßig günstigen Preise zogen Bewohner an, die sich die Mieten von *SoHo* nicht mehr leisten konnten. Immer mehr chinesische Einwanderer haben Schwierigkeiten sich die drastisch steigenden Mieten auf Manhattan zu leisten und ziehen in die anderen *Chinatowns* in Queens, Brooklyn und Harlem ab.

Trotzdem ist das Viertel einen Besuch wert. *Chinatown* ist jedoch anders, als das europäische Bild, das wir uns aufgrund von Hollywood-Filmen davon gemacht haben. Wer hier rote Laternen und süße Seitengässchen mit gebückt laufenden, weisen Chinesen erwartet, der wird enttäuscht. Wer sich dennoch herwagt, wird mit hervorragendem Essen, ganz besonders beliebt sind Dumplings – gedämpfte oder gebratene Teigtaschen, die mit Fleisch, Fisch oder Gemüse gefüllt werden – belohnt.

Nicht jeder Laden jedoch ist eine gute Idee. Ein erstes Indiz, ob ein Restaurant gut ist, bieten die Buchstaben (A,B,C), die das *Health and Mental Hygiene Department* vergibt. Ein A ist die höchste Wertung und sollte immer und unbedingt bevorzugt werden. Ein A bekommt ein Restaurant nur dann, wenn es zehn oder weniger Beschwerden gegeben hat. B und C Restaurants sollte man tunlichst meiden. Da das Department immer wieder Kontrollen durchführt, werden auch die Buchstaben immer wieder neu vergeben. Es kann also sein, dass man an einem *Grade Pending,* d.h. eine Bewertung des Restaurants steht noch aus, vorbei kommt. Hier empfiehlt es sich den kurzen dazugehörigen Text zu lesen oder, um auf Nummer sicher zu gehen, das Restaurant gänzlich zu meiden.

Im Dreieck zwischen der Canal im Norden, der Mulberry im Westen und der Bowery Street im Osten befinden sich viele kleine Geschäfte und Restaurants, die es einfach mal auszuprobieren gilt. Selbst wenn man nur einen entspannten Bummel macht, um sich im Trubel der Gassen zu verlieren. Sollte der Hunger dann doch größer werden, ist das *Nice Green Bo* in der Bayard Street sehr zu empfehlen. Von außen ist das Lokal unscheinbar, seine Fenster voll mit gesammelten Zeitungsartikeln. Von innen sieht man dem Restaurant ebenfalls nicht an, dass es hier richtig gutes, chinesisches Essen gibt. Das Ambiente ist eigenwillig: Der fast fensterlose Raum ist zart lila gestrichen, unregelmäßig sind traditionelle Bilder an den Wänden verteilt. Die Bedienungen schreien über die mampfende Menge Befehle vom offenen Bereich im Eingang – dort werden die Dumplings in silbernen Dampfeinsätzen gegart – zur im hinteren Teil liegenden Küche. Eine Kanne Tee wartet auf jeden Gast. Das Essen kommt immer heiß auf den Tisch, das Gemüse ist frisch und abwechslungsreich und die Portionen gigantisch. Platz ist jedoch Mangelware und sobald man das Essen hat, kommt auch schon die Rechnung – inklusive Glückskekse.

Sicherlich sollte man hier kein romantisches Date planen, wer aber einen typischen Abend in *Chinatown* erleben will, der ist hier richtig.

Chinatown © Miguel Marqueta

Auf dem Weg zur Mulberry Street kommt man auch an dem einen oder anderen Souvenirhändler vorbei. An der Bayard Ecke Mott Street ist ein besonders günstiger, der einem das *I heart NY*-T-Shirt für nur 7 Dollar verkauft. Wer also noch Mitbringsel braucht, der sollte hier zuschlagen. Auf der Mulberry Street geht es schließlich rauf Richtung Norden. Einmal über die Canal Street ändert sich das Straßenbild drastisch. *Chinatown* geht fließend in *Little Italy* über. Restaurant reiht sich an Restaurant, natürlich immer mit der obligatorischen Terrasse. Anfangs war das Viertel noch ein echtes, kleines Napoli mit eigener Sprache, eigenen Bewohnern und eigener Mafia – über die Jahre haben mächtige Familien-Fürsten wie Ignazio „The Wolf" Lupo (1890-1920), Michele „Big Mike" Miranda (50er-60er), Peter DeFeo (60er-70er), Matthew „Matty the Horse" Ianniello (70er) und John Gotti (80er-90er), in Little Italy ihr Unwesen getrieben. Der fiktive *Corleone Clan* aus der Feder von Mario Puzo, einmalig verfilmt von Francis Ford Coppola mit Marlon Brando in der Hauptrolle, lebte in und operierte aus Manhattans kleinem Italien.

Heute ist das Viertel nur noch eine Kulisse für Touristen. Immer weniger Italiener können sich das Leben hier noch leisten. Sie wandern, wie die Chinesen aus *Chinatown*, nach Harlem ab, in eines der größten italienischen Einwandererviertel von NYC. Trotzdem es auch nur eine Kulisse ist, bietet *Little Italy* doch ein kitschiges, kleines Italien: Mit schmeichelnden Kellnern vor der Tür, die einen in ihr Restaurant hinein quatschen wollen, angebauten Terrassen mit unechten Pflanzen auf rotweiß-karierten Plastiktischdecken. Ein echter Knaller und wirklich einen Besuch wert, ist das Viertel in der Weihnachtszeit. Die Fenster sind geschmückt mit riesigen Kränzen, lauter kleine Lichter erleuchten das Viertel, der eine oder andere hat sogar einen Schlitten auf dem Dach oder einen Santa am Schornstein.

Ein weiteres Highlight ist die Graffiti-Szene. New York, einst die Wiege der Street Art, hat diese schon lange aus Manhattan verbannt. In *Little Italy* jedoch finden sich an vielen Häuserwänden noch extrem moderne und kreative Bilder sowie Tags. Man muss allerdings immer mal links und rechts zwischen all den Restaurants und Nippes-Läden hindurchschauen, um sie zu entdecken. Klein sind sie allerdings nicht – ein grüner Kinderhulk zieht sich über eine komplette fünfstöckige Hauswand – also sollte das kein Problem sein. Am einfachsten erlebt man die Nachbarschaft zu Fuß, wenn man die Mulberry entlang bis zur Broome Street hinauf spaziert und ab und zu in einen der kleinen Läden hineinschaut. Bei den Restaurants sollte man allerdings Vorsicht walten lassen, anders als in *Chinatown* verlangen die nämlich zum Teil ganz schön happige

Preise. Größtenteils sind es auch keine Italiener mehr, die hier kochen und bedienen, was das Ganze schnell zur Tourifalle werden lässt.

Wer auf den letzten Metern noch Lust auf einen Absacker verspürt, der sollte sich *Jack's Wife Freda,* Ecke Spring und Lafayette Street, mal genauer ansehen. Neben Kleinigkeiten zum Teilen gibt es hier auch eine Handvoll richtig leckerer Cocktails, die einem Leib und Seele wärmen. Reingehen, hinsetzen und entspannt den Tag Revue passieren lassen, das kann man bei Jack und seiner Frau besonders gut.

Highlights Lower Manhattan

1) Battery Park

2) Battery Gardens

1 Battery Place, New York, NY

Website: www.batterygardens.com

3) Church of Our Lady of the Rosary

7 State Street, New York, NY

4) Starbucks

99 all Street, New York, NY

5) Ausblick über Brooklyn

Brooklyn Bridge Park, New York, NY

6) New York Stock Exchange (die Börse)

11 Wall Street, New York, NY

Website: www.nyse.nyx.com

7) Trinity Church

74 Trinity Place, New York, NY

Website: www.trinitywallstreet.org

8) One World Trade Center

Vesey Street, New York, NY

Website: www.wtc.com

9) Century 21

22 Cortlandt Street, New York, NY

Website: www.c21stores.com

10) Woolworth Building

233 Broadway, New York, NY

11) City Hall Park

12) City Hall

13) Manhattan Municipal Building

1 Centre Street, New York, NY

14) New York City Supreme Court Building

60 Centre Street, New York, NY

Website: www.nycourts.gov

15) Chinatown Infopoint

16) Nice Green Bo

66 Bayard Street, New York, NY

Website: www.nicegreenbo.com

17) Little Italy

18) Jack's Wife Freda

224 Lafayette Street, Manhattan, NY

Website: www.jackswifefreda.com

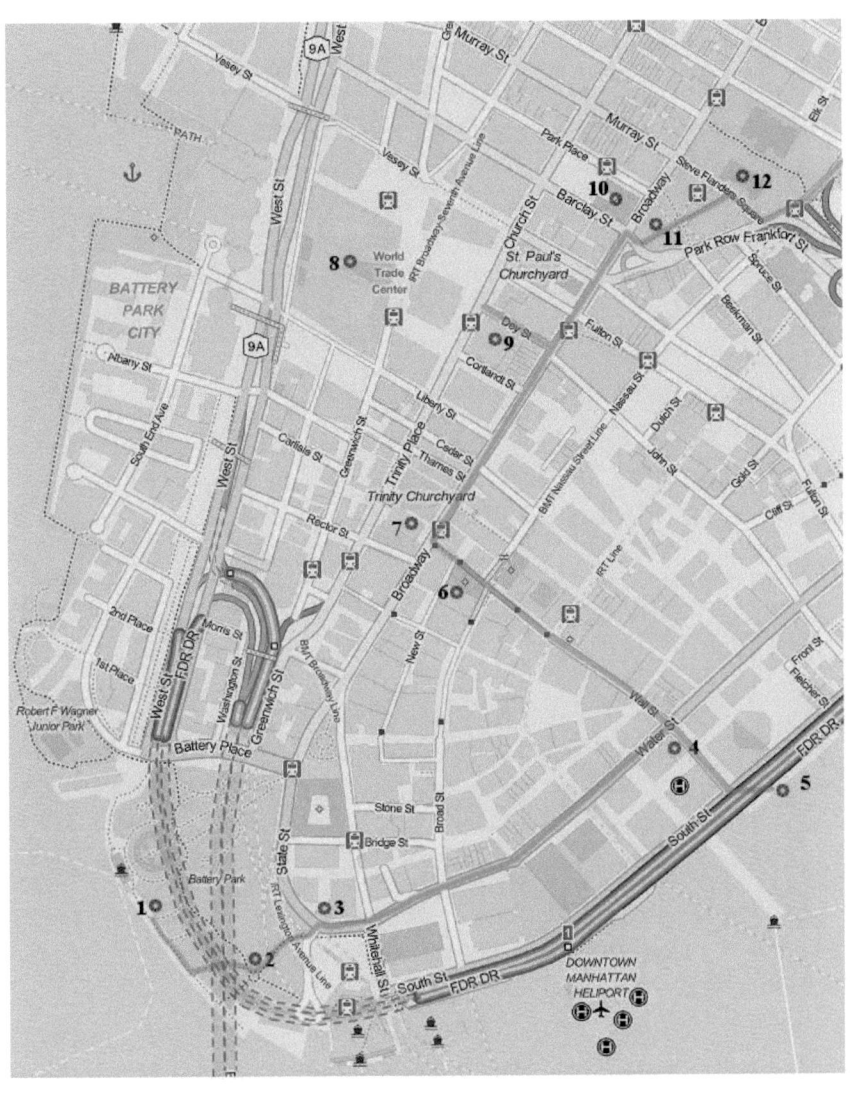

Lower Manhattan 1 © OpenStreetMap.org contributors

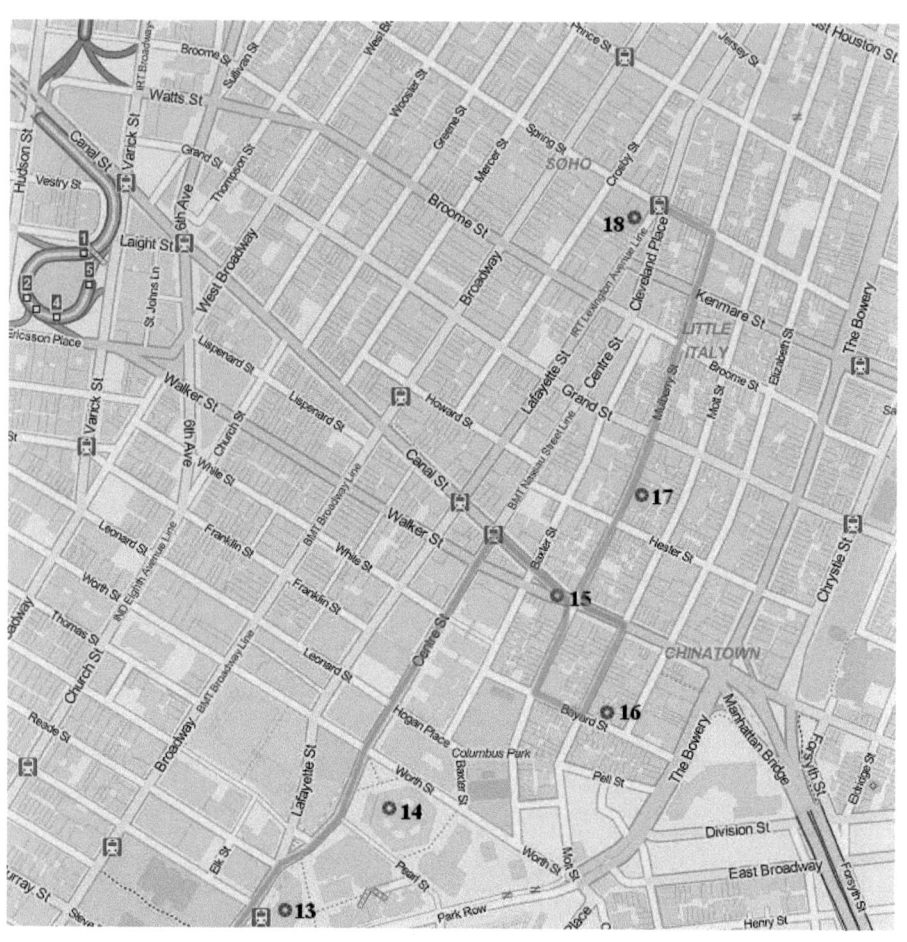

Lower Manhattan 2 © OpenStreetMap.org contributors

Williamsburg

Everyone who does not live in Berlin lives in Brooklyn now. – **Don DeLillo**

Williamsburg © Miguel Marqueta

Bereits im Abteil des L-Train von Manhattan Richtung *Williamsburg*, Brooklyn sind SIE da. Erst noch vereinzelt, auf dem Bahnsteig vor Ort werden SIE mehr. Langsam schiebt man sich mit der Masse hinaus Richtung Bedford Avenue, steigt die Treppen aus der U-Bahn hoch und dann plötzlich sind SIE überall. Unordentlich abgeschnittene Jeans, die Haare wirr, bunte, leicht trashige Tattoos schauen unter schwarz-roten hochgekrempelten Karohemden hervor, die kastige Brille sitzt leicht schief auf der Nase, die Vintage-Mini-Lederbag baumelt an der Seite, das obligatorische old-school Bike lehnt lässig an einer Laterne: HIPSTER. Sie bevölkern *Williamsburg* und prägen die Straßenszene wie in keiner anderen Nachbarschaft von New York City. Retro wird hier ernst genommen, auch wenn der Look möglichst ungezwungen daher kommen sollte.

Sind die Hipster die Retro-Style-Jünger von New York, dann ist die Bedford Avenue ihr Mekka. Seit den 70er Jahren haben Künstler und Kreative die Nachbarschaft für sich entdeckt, da sie sich die steigenden Preise in *SoHo* und *Chelsea* nicht mehr leisten konnten. *Williamsburg* bot sich vor allem an, wegen der damals noch günstigen Mieten, dem vielen freien Platz und der guten Anbindung an Manhattan. Das ging während der 80er und 90er Jahre gut, 1996 lebten 3.000 Künstler in der Nachbarschaft, bis auch hier die Mieten anzogen, weil es immer mehr Leute in den coolen Süden zog. Mittlerweile ist das Viertel ähnlich wie *SoHo* und *Chelsea* etabliert und für aufstrebende Kreative zu teuer, sie ziehen weiter nach *Red Hook, Bushwick, Bedford-Stuyvesant, Clinton Hill* oder *Fort Greene*.

Die Hipster dagegen sind geblieben. Kein Wunder, denn *Williamsburg* offeriert hektischen Großstädtern einen ganz besonderen Reiz: Es verbindet den entspannten Kleinstadtflair – niedrige Backstein-Häuser, jeder-kennt-jeden Mentalität, man kann mit dem Fahrrad fahren, ohne um sein Leben fürchten zu müssen – mit coolen Cafés und guten Restaurants. Und das alles nur drei U-Bahn Stationen von Manhattan, vom Trubel um den *Union Square* entfernt. Hier gibt es sie noch, die guten, alten Kunsthandwerker und das nicht zu knapp. Sie verkaufen ihre Kleinode auf den Flohmärkten und in den Straßen von *Williamsburg*. Handgemacht ist hier das Zauberwort, Qualität das Kriterium der Stunde.

Am schönsten ist es, das Viertel an einem Sonntag zu erkunden. Gestartet wird, ganz klassisch *Williamsburg*, mit einem Flea Market (Flohmarkt)-Besuch. Vorher sollte man sich aber einen Kaffee zur Stärkung gönnen. Besonders guten gibt es bei *Toby's Estate Coffee* in der North 6th Street. Der Coffee Shop bereitet seine Bohnen selbst auf und versorgt nicht nur seine Gäste, sondern auch andere Cafés, Restaurants und Shops. Doch nicht nur die Röstung ist handgemacht, auch jede einzelne Tasse Kaffee wird mit dem guten, alten Filter vom Barista sorgfältig aufgebrüht. Das kann etwas länger dauern, lohnt sich aber für den einzigartigen Kaffeegenuss. Wer sich Zeit mit seinem

Heißgetränk lassen will, setzt sich auf eines der abgewetzten Chesterfield Sofas und genießt die Sonne, die durch die riesige Fensterfront in das Café, eingerichtet wie das Wohnzimmer eines guten Freundes, flutet.

Toby's Estate Coffee © Miguel Marqueta

Mit dem Kaffee in der Hand oder im Bauch geht es dann zu einem der beliebtesten Flohmärkte von ganz New York City, dem *Williamsburg Flea Market* im *East River Park*. Von April bis Thanksgiving (Ende November) findet der Markt immer sonntags von 10.00 bis 17.00 Uhr statt. Von Thanksgiving bis März ist der Markt drinnen, der Ort wechselt immer mal wieder. Aktuell ist es eine riesige, verlassene Lagerhalle in 80 North 5th Street. Es lohnt sich vor allem für individuelle, besondere Weihnachtsgeschenke vorbeizuschauen.

Anders als in Europa werden auf so einem Flohmarkt aber nicht alte, abgelegte Kleider und Co. verkauft. Der *Williamsburg Flea Market* ist eher so etwas wie ein Kunsthandwerksmarkt in Deutschland. Künstler, Handwerker und Vintage-Sammler verkaufen dort ihre Schätze: Von zartem Schmuck über ausgefallene Kleidung bis hin zu besonderen Accessoires kann das alles sein, was den Stempel handgemacht oder Vintage trägt. Mittlerweile ist der Markt zu einer New Yorker Institution geworden und sorgt für viel nationale wie internationale Presse, sehr zum Stolz der beiden Leiter Jonathan Butler und Eric Demby. Ableger der Idee gibt es bereits in Philadelphia und Washington DC.

Nicht nur die Waren sind jedoch einen Besuch wert, auch der Ort, an dem der Flea Market im Sommer stattfindet ist eine absolute Sehenswürdigkeit! Direkt am *East River* gelegen, eröffnet sich hinter dem Flohmarkt eine einmalige Aussicht auf die Skyline von Manhattan. Vom frisch gebauten *One World Trade Center* im Süden bis zum nördlichen Ende von Midtown kann man, direkt am Wasser stehend, alles genau unter die Lupe nehmen.

Der *East River Park* entstand von 2001 bis 2007 auf dem Gelände des alten *Brooklyn Eastern District Terminal,* der ersten Railroad-Haltestelle von Brooklyn. Einige der industriellen Elemente, wie die Kopfsteinpflasterwege, Teile der Gleisanlagen und ein verfallenes Hafenbecken, wurden bewusst nicht entfernt und geben dem Park heute seinen semi-industriellen Look. Wer jetzt schon Hunger hat, den Park aber noch nicht verlassen möchte, der kauft sich an einem der vielen Essensstände des Flohmarktes einen Snack, setzt sich auf einen der Holzstämme ans Wasser und genießt die Aussicht.

Aussicht auf die Manhattan Skyline vom *Brooklyn Flea Market* © Miguel Marqueta

Sollte das Wetter mal nicht mitspielen, kann auf das in der Nähe gelegene *Artists & Fleas*, ebenfalls ein Kunst-, Design- und Vintage-Markt in einer alten Garage, ausgewichen werden. Wer Zeit hat, sollte unbedingt beides machen! Mal sieht man hier einen Styling-Profi auf der Suche nach der richtigen Location, mal findet man das perfekte Paar Ohrringe, das man schon eine Ewigkeit sucht, mal lernt man einfach nette Menschen kennen und tauscht sich, über Vintage-Kleider, Uhren aus Büchern oder einzigartigen Schmuck gebeugt, aus.

Das *Artists & Fleas* gibt es seit 2003, ursprünglich hatten es die Gründer Amy Abrams und ihr Mann Ronen Gilmer als Ort geschaffen, an dem ihre diversen Künstlerfreunde einfach und unkompliziert ihre Werke verkaufen konnten. Sie starteten mit nur 20 Ausstellern, heute sind es wesentlich mehr und die Warteliste ist lang! Samstags und sonntags zwischen 10.00 und 19.00 Uhr können lokale Kreative ohne eigenen Showroom ihre Werke für 100,00 Dollar bei *Artists & Fleas* mit eigenem Stand präsentieren. Abrams und Gilmer wählen ihre Aussteller mit Bedacht und in Bezug aufeinander aus. Alles muss passen,

203

damit die Mischung des Marktes stimmt. Das heißt aber auch, dass sich die Aussteller beinahe wöchentlich ändern können und ein zweiter oder dritter Besuch immer noch spannende, neue Sachen bietet. Das Konzept geht auf, seit 2006 gibt es sogar noch einen weiteren Pop-Up-Store im *Chelsea Markt* auf Manhattan.

Artists & Fleas © Miguel Marqueta

Nach all den Schatzsucher-Stunden ist es Zeit für einen üppigen Brunch. Üblicherweise gehen die Bewohner von *Williamsburg* dafür nicht vor 12.30 Uhr aus dem Haus. In den meisten Cafés und Restaurants ist er aber ab 11.00 Uhr zu kriegen. Ebenfalls normal ist ein Cocktail, eine *Bloody Mary* oder eine *Mimosa* (üblicherweise Sekt mit O-Saft), gegen den Kater von letzter Nacht. Richtig lecker ist es zum Beispiel im *Sweet Chick*, *Juliette* oder *Egg*. Das *Sweet Chick* serviert typisch amerikanische Küche mit einem Südstaaten-Akzent. Das Highlight hier ist knusprig frittiertes, butterzartes Hühnchen mit saftigen Waffeln. Die Pancakes sind fluffig, die Cocktails haben genau den richtigen Schuss old-school, die Einrichtung ist typisch *Williamsburg*: Retro Waffeleisen als Deko, rustikale Tische, schwarze Industrielampen mit sichtbaren Maxi-Glühbirnen und leicht vergilbte Farbe an den Wänden.

Kontrastprogramm dagegen im *Juliette*: Hier wird französisch gekocht. Alte Silberspiegel sind über die vintageweiß gestrichenen Räume verteilt, original 20er Jahre Lampen baumeln von der Decke. Ein echtes Highlight ist der Wintergarten im hinteren Bereich des Lokals, in dem auch bei kältesten Temperaturen ein Draußen-Sitz-Gefühl aufkommt. Richtig lecker ist hier der Croque Madame, mit dicken, saftigen Brotscheiben, würzigem Käse und magerem Schinken. Selbst wenn das *Juliette* sich als französische Brasserie versteht, die amerikanischen Brunch-Klassiker wie Burger, Eggs Benedikt und Co. kann man hier natürlich trotzdem genießen.

Ein bisschen stylischer und ganz minimalistisch eingerichtet, ist das *Egg* ein paar Straßen weiter. Es ist so beliebt, dass man gut und gerne mal eine halbe Stunde bis Stunde auf einen Tisch warten muss. Allerdings ist das Restaurant auch etwas Besonderes: Alles ist selbstgemacht, sogar die Vielzahl an Backwaren werden jeden Tag frisch zubereitet. Und das Beste: Das *Egg* besitzt seine eigene Bio-Farm vor den Toren von New York City in Oak Hill. Dort halten sie Hühner für die Eier und bauen ihr eigenes Gemüse an. Vom Land direkt auf einen der zarten Bistrotische. Perfekt!

Um die vielen Pfunde, die einem das gute und reichliche Essen beschert hat, wieder abzulaufen, bietet sich ein entspannter Bummel durch *Williamsburg* an. Am besten lässt man sich hier durch die Straßen treiben und geht selbst auf Entdeckungstour. Individuelle Boutiquen, Buchhandlungen und mehr gibt es um die Bedford Avenue – von der Metropolitan Avenue im Süden, dem *East River* im Westen, der Roebling Street im Osten und der North 12th Street im Norden – zuhauf.

Einige Beispiele gefällig? Am besten schlendert man die Bedford Avenue von der North 4th Street in Richtung Norden. Auf der linken Seite entdeckt man schnell die *Mini-Mall*, eine kleine, individuelle Einkaufspassage mit völlig unterschiedlichen Geschäften. Hier wird Lingerie (*Brooklyn Fox*) direkt neben

Kinderkleidung und -spielzeug ausgestellt. *Handsome Dan's Candyshop* verkauft ganz wie früher Süßigkeiten, die man sich in seinen kühnsten Kindheitsträumen nicht ausgemalt hat, neben einer Buchhandlung für Super-Belesene (hier gibt es kaum Mainstream-Titel) und Antiquariatsgänger. Ein Nippesladen liegt direkt neben einem – Achtung Wortspiel – Nippel-Laden, einem Erotikshop. Es gibt einen alten Foto-fix-Automaten und natürlich das obligatorische, leicht abgerissen wirkende Café im Eingangsbereich. Die *Mini-Mall* ist sozusagen ein Mini-*Williamsburg*. Hier vereinen sich alle Elemente, die dieses Viertel so beliebt machen: Sie ist retro, authentisch, bio aber eben auch leicht verschlissen, kurz: sie hat eine Geschichte.

In der *Mini-Mall* © Miguel Marqueta

Von der *Mini-Mall* zurück auf der Bedford Avenue fällt der Blick des Vintage-Liebhabers direkt auf das gegenüber liegende *Amarcord*. Hier finden sich ausgesuchte Stücke zu angemessenen Preisen. Patti Bordoni – Club-Managerin, Schriftstellerin, Besitzerin einer Plattenfirma und mehr – gründete gemeinsam mit Marco Liotta, Abkömmling einer Familie von Schneidern, im Jahr 2000 *Amarcord*. Gemeinsam haben sie ein Vintage-Fashion-Imperium aufgebaut, das mit einem Archiv von über 50.000 Stücken aus aller Welt, von der viktorianischen Ära bis in die frühen 2000er, wohl das größte der USA ist. Nach Vereinbarung kann das Archiv von Designern, Stylisten, Film, Funk und Fernsehen zu Inspirationszwecken besucht werden. Neben dem Laden in *Williamsburg* haben sie noch zwei weitere Läden, einen im *East Village* und einen in *SoHo*.

Wer sich zu seinem schicken, neuen Kleid noch den passenden Schmuck kaufen will, der sollte bei *Catbird* vorbeischauen. Seit zehn Jahren DIE Adresse für zarten, individuellen Schmuck. Sowohl im Laden als auch auf der Website gibt es eine wohl kuratierte Auswahl an Designern, die ihre Stücke präsentieren. Das Repertoire reicht mittlerweile von Schmuck über Duftkerzen und Beauty-Produkte bis zu wunderschön gezeichneten Karten. *Catbird* schreibt sich auf die Fahne, die in New York so beliebten *Knuckles Rings*, schmale Reifen, die nicht unten am Finger, sondern zwischen dem ersten und zweiten Fingerglied getragen werden, erfunden zu haben. Das mag stimmen oder auch nicht, jedenfalls haben sie eine einzigartige Auswahl der zerbrechlich wirkenden Stücke, die jedem Look einen extravaganten Touch verleihen. Der Schmuck ist so beliebt, dass bereits die Stars auf den kleinen, aber feinen Laden aufmerksam geworden sind. *Girls*-Erfinderin Lena Dunham, *Twilight*-Star Kristen Stewart, Topmodel Erin Wasson, *Gossip Girl* Leighton Meester und Marylin Monroe-Ikone Michelle Williams lieben die Kreationen von *Catbird*.

Und das sind nur ein paar der lohnenswerten Boutiquen von *Williamsburg*! Wer keine Lust auf Shopping hat, dem sei ein Besuch in der *Front Room Gallery* in der Roebling Street empfohlen. Seit 1999 wird hier aufstrebenden, jungen Künstlern und Mid-Karrieristen ein Forum geboten, um ihre Kunstwerke zu präsentieren. Der Fokus liegt dabei auf Fotografie, Konzeptkunst sowie Audio- Video- und Kunstinstallationen. Mit nur zwei Räumen ist die Galerie zwar platzmäßig begrenzt, Vernissagen fühlen sich hier jedoch eher wie richtig gute Partys und nicht wie steife Kunstveranstaltungen an. Die weiß gekalkten Wände, warmen Holzböden und die graffitidekorierte Eingangstür tun ihr

Übriges, um diese Galerie zu einem Treffpunkt für Kreative, Kunstliebhaber und Sammler zu machen.

Wer jetzt Lust auf etwas Bewegung hat, geht gegenüber ins *PIPS Table Tennis*. Ping Pong ist als Freizeitsport so retro, dass ihn die Hipster von *Williamsburg* wieder für sich entdeckt haben. Oder man macht einen Spaziergang in den *McCarren Park*. Einfach die Roebling Richtung Norden entlang gehen, dann landet man direkt am südöstlichen Eingang des 140.000 m² großen Parks. Von 1903 bis 1905 kaufte die Stadt New York hier vier Parzellen Land, die durch Eisenbahn-Linien voneinander getrennt waren. Sofort wurden zwei weitläufige Spielplätze, einer für Jungen und einer für Mädchen, angelegt. 1910 sanierte man die Anlage und verleibte ihr eine *State of the Art* Sportanlage ein, inklusive Tenniscourt, Baseballfeld, Basketball-Platz, Fußballfeld und einem Bereich für Kleinkinder.

Ein weiteres Highlight für die Kleinen wurde 1914 geschaffen, als eines der ersten urbanen Farmhäuser mit Pflanzbeeten im *McCarren Park* eröffnet wurde. Im ersten Jahr zogen 240 kleine Farmer los und säten und ernteten Radieschen, Karotten, Bohnen, Zwiebeln, Mais und Salat. Schnell wurde das Farmhaus jedoch zu einem Gemeindezentrum umfunktioniert, in dem sich die gesamte Nachbarschaft traf.

Eine der absoluten Novitäten der Stadt konnte der *McCarren Park* seit 1936 sein Eigen nennen: Robert Moses, passionierter Schwimmer im Yale Uni Team, initiierte den Bau eines riesigen Schwimmbades, das 6.800 Badegäste fassen konnte. Schnell wurde es der Treffpunkt für Jung und Alt aus *Williamsburg* und *Greenpoint*. Mit den Jahren verfiel der Pool allerdings und wurde 1984 schließlich geschlossen. In den 2000ern begann er jedoch sein zweites Leben als Eventbühne. Drei Jahre lang fanden hier legendäre Konzerte statt, bis 2008 Renovierungsarbeiten dieses Vergnügen beendeten. Seit 2012 steht der Pool wieder als Badeanstalt zur freien Verfügung, für alle offen. Und nicht nur das, im Winter wird ein Teilbereich des Pools, genauer 18 mal 36 m, zur Eislaufbahn umfunktioniert. 300 Menschen können hier gleichzeitig über die gefrorene Fläche gleiten.

Seit seinem Entstehen ist der *McCarren Park* vor allem für seine sportliche Nutzung bekannt, auch heute bietet er Vielen die Möglichkeit, sich von ihrem anstrengenden Hipster-Dasein zu erholen. Natürlich beim Retrospiel *Holz-stöckchen werfen*. Es ist aber auch nett sich einfach unter die Bäume am westlichen Rand des Parks zu setzen und für ein oder zwei Stunden mit den nackten Füßen im Gras zu wühlen.

Auf dem Weg zu *Radegast Hall & Biergarten* und *Zenkichi* © Miguel Marqueta

Wenn dann erneut der Magen knurrt geht es am besten zurück zur Bedford Avenue. Dort hat man dann die Qual der Wahl: Ein Restaurant reiht sich an das nächste. Von günstig bis super schick gibt es alles. Besonders empfehlenswert sind zwei Alternativen: Entweder das edle *Zenkichi*, ein exzellenter Japaner oder der zünftige *Radegast Hall & Biergarten*, eine der wenigen Bierlokalitäten, die man sich nicht entgehen lassen sollte.

Das *Zenkichi* findet man nur, wenn man weiß, wo man suchen muss. Der Eingang liegt hinter einer unscheinbaren Bretterwand verborgen. Hat man ihn dann gefunden führt ein schmaler Steinweg, gesäumt von Bambusstäben und japanischen Laternen, zur ganz in schieferschwarz gehaltenen Rezeption. Von hier geleitet einen der Kellner zum persönlichen Séparée, das mit einem schlichten Bambus-Vorhang die intime Privatsphäre der Gäste wahrt. Das Licht ist zu einem sanften Schein herunter gedimmt, es herrschen dunkle Farben und Hölzer – Fenster gibt es nicht. Der Kellner erscheint nur, wenn man per Klingelknopf nach ihm verlangt. So exotisch und exquisit wie das Ambiente, so ist auch das Essen. Im Zenkichi wird traditionelle japanische Küche im Tokio-Stil auf individuell getöpferten Tellern und Schüsselchen serviert. Das heißt: Kein Sushi, dafür aber viel roher Fisch, Tempura und ausgefallene Algensalate. Die Portionen sind klein, man bestellt, ähnlich wie man es von spanischen Tapas kennt, drei oder vier Kleinigkeiten. Wer sich ganz dem Reiz des Neuen hingeben will, der entscheidet sich für ein Omakase: Ein saisonal ausgerichtetes Acht-Gänge-Menü, ausgewählt vom Chef höchstpersönlich. Dazu wird Sake gereicht. Es gibt über 50 ausgesuchte Sake-Sorten, einige davon auch als offene Flaschen. Man kann eine Sake-Verkostung mit drei, fünf oder sieben verschiedenen Sorten zu seinem Menü dazu buchen. Das *Zenkichi* ist ein absolutes Erlebnis, für alle offenen, lukullischen Genießer!

Bretterwand vor dem *Zenkichi* © Miguel Marqueta

Wer mehr Lust auf etwas Handfestes hat, der geht in den *Radegast Hall & Biergarten*. Bier wird in Maßkrügen serviert, man kann aus über 20 Sorten vom Fass und 58 verschiedenen Flaschenbieren wählen. Ob deutsch, tschechisch, englisch oder doch amerikanisch, hier wird jeder Bierliebhaber glücklich gemacht. Das *Radegast* ist urig, gemütlich und immer gut gefüllt. Entweder man setzt sich an einen der kleinen Hochtische im vorderen Bereich, hört der täglich spielenden Live-Band zu und schaut sich die Tänzer an, die zu Jazz, Brass Bands und Folklore eine flotte Sohle aufs Parkett legen. Oder aber man sucht sich einen Platz an den langen Holztischen im hinteren Biergarten, wobei es sich eigentlich um einen mächtigen, scheunenartigen Anbau mit sichtbarem Dachstuhl handelt, der im Sommer geöffnet werden kann. Für Hungrige gibt es die gute, alte Bratwurst. Die kann man mit Sauerkraut oder Pommes oder beidem kombinieren und sich selbst vom riesigen Grill im hinteren Teil der Bierhalle besorgen. Getränke gibt es von der drallen Kellnerin, die sich immer wieder tapfer ihren Weg durch die Menschenmassen bahnt. Im *Radegast* kommt definitiv Münchner Biergartenstimmung auf, für alle, die das Vertraute im Fremden suchen, ist das der richtige Ort.

Jetzt noch einen Drink? Kein Problem in *Williamsburg*! Unzählige Bars und Kneipen haben sich in den Straßen rund um die Bedford Avenue angesiedelt. Egal worauf man Wert legt, ob ausgefallene Cocktails (da wäre wohl die japanische *Akariba Bar* eine gute Wahl, aber Vorsicht, hier gibt es wirklich das ganz verrückte Zeug wie Sake mit rohen Eiern), super Aussicht (ab ins *Berry Park*, eine Bar auf dem Dach mit Sicht auf die nächtliche Skyline von Manhattan) oder gute Stimmung (die gibt es immer und überall), hier findet jeder das Richtige für sich und seine Begleitung. In der North 6th Street gibt es zwei Bars, bei denen es sich definitiv lohnt, einen Blick hineinzuwerfen. Im *Cubana Social* kann man sich ins Kuba der 40er Jahre zurück versetzen lassen, mit Rum Cocktails, Barkeepern im Bossa Nova-Stil und dem immer dazu gereichten Tab-Water (Wasser aus dem Hahn) in den obligatorischen Einmachgläsern. Die 2010 in einer alten Fabrik eröffnete Bar, versetzt jeden schon beim Eintreten in gute Laune. Rhythmische Klänge, manchmal aus den Boxen, manchmal von einer Live-Band, gedimmtes Licht, breite Silberspiegel und eine riesige Bar, lassen das Art déco-Gefühl vergangener Zeiten wieder aufleben.

Wer stattdessen Lust auf einen Kurzurlaub hat, der sollte sich die *Surf Bar* mal näher anschauen. Die schlauchförmige Bar fällt schon beim ersten Mal dranvorbei-gehen ins Auge. An der Front liegt einladend eine mit Bast verkleidete Mini-Terrasse mit Kokosnuss-Kerzenhaltern und rot-weiß karierten Plastikdecken auf zwei kleinen Tischen. Über der Tür hängt eine Piratenflagge, das Licht innen ist rötlich und stark gedimmt. Wer sich trotzdem hineinwagt, wird belohnt: Der Barkeeper hebt lässig die Hand zum Gruß, die Decke ist voll mit

Surfbrettern, der Boden mit Sand bedeckt und ein Aquarium beherbergt ein paar Mini-Haie.

Die *Surf Bar* ist bekannt für ihre deftige Küche und leckeren Cocktails. Ganz wie am karibischen Strand gibt es Chowders, MahiMahi Burger, Yuka-Pommes und natürlich Mojitos! Als Ben Sargent die Surfmöglichkeiten in New York – ja man kann hier tatsächlich auf den Wellen reiten – entdeckte, wähnte er sich im siebten Himmel. Hier wollte er bleiben, deshalb organisierte er sich einen winzigen Laden im Viertel und machte das, was er am besten konnte: Surfen am Tag und Chowder (eine Art Fischeintopf) verkaufen bei Nacht.

American Apparel zwischen *Cubana Social* und *Surf Bar* © Miguel Marqueta

Schnell wurden die Bewohner der Nachbarschaft auf ihn aufmerksam und er musste expandieren. Im Laden seiner italienischen Ex-Freundin Maya Pizzati fand er eine neue Location und mit Pizzati eine Partnerin im Geiste. Sie gab einen Schuss italienischer Küche hinzu und Sargent konnte sich einen lang gehegten Traum erfüllen: Neben dem Bar-Geschäft macht er jetzt noch Surfbretter für die Anwohner von Brooklyn. Wenn man, vom ersten Eindruck der Bar völlig umgehauen, weiter Richtung Hinterausgang stolpert, entdeckt man eine absolute Seltenheit: Einen tropisch gestalteten Innenhofgarten mit Holzplanken und Sand am Boden, Palmen überall und – das ist fast das Schönste – dem Himmel über dem Kopf. Hier fühlt man sich wirklich wie im Urlaub. Am besten direkt eine Pina Colada bestellen und entspannt zurücklehnen. Fast hört man das Meer rauschen und die Wellen rufen ...

Highlights Williamsburg

1) Toby's Estate Coffee

125 North 6th Street, Brooklyn, NY

Website: www.tobysestate.com

2) Williamsburg Flea Market

90 Kent Avenue, Brooklyn, NY

Website: www.brooklynflea.com

3) Artists & Fleas

75 9th Avenue, Brooklyn, NY

Website: www.artistsandfleas.com

4) Sweet Chick

164 Bedford Avenue, Brooklyn, NY

Website: www.sweetchicknyc.com

5) Juliette

135 North 5th Street, Brooklyn, NY

Website: www.juliettewilliamsburg.com

6) Egg

109 North 3rd Street, Brooklyn, NY

Website: www.eggrestaurant.com

7) Mini-Mall

Zwischen North 4th Street und 5th Street, Brooklyn , NY

8) Amarcord

223 Bedford Avenue, Brooklyn, NY

Website: www.amarcordvintagefashion.com

9) Catbird

219 Bedford Avenue, Brooklyn, NY

Website: www.catbirdnyc.com

10) Front Room Gallery

147 Roebling Street, Brooklyn, NY

Website: www.frontroom.org

11) PIPS Table Tennis

158 Roebling Street, Brooklyn, NY

Website: www.pipsout.com

12) McCarren Park & Pool

13) Zenkichi

77 North 6th Street, Brooklyn, NY

Website: www.zenkichi.com

14) Radegast Hall & Biergarten

113 North 3rd Street, New York, NY

Website: www.radegasthall.com

15) Cubana Social

70 North 6th Street, Brooklyn, NY

Website: www.cubanasocial.com

16) Surf Bar

139 North 6th Street, New York, NY

Website: www.brooklynsurfbar.com

Williamsburg © OpenStreetMap.org contributors

5th Avenue & Midtown

One's life and passion may be elsewhere, but New York is where you prove if what you think in theory makes sense in life. – **Miuccia Prada**

5th Avenue © Miguel Marqueta

Klack, klack, klack... Einmal auf der 5th Avenue am Ende des *Central Parks* angekommen, hört man die kakophonisch anmutende Musik der teuersten Einkaufsstraße der Welt: Das Klackern der Highheels, das Hupen der Taxis und Trucks, die sich durch den dichten Verkehr von Manhattan schlängeln, das Schreien der menschlichen ,Wegweiser' zu Restaurants, Sample Sales und Kutschfahrten. Mit dem südlichen Ende des *Central Parks* beginnt das kommerzielle Herz eines der größten Finanzzentren der Welt zu schlagen, Midtown, und die 5th Avenue ist seine Hauptschlagader, sie teilt die Stadt in Ost und West. Hier stehen die meisten Wolkenkratzer von Manhattan. Imperien unterschiedlichster Bereiche wie *Barnes & Nobles* für die Buch-, *Marvel*

Entertainment für die Film- oder *Calvin Klein* für die Modebranche, haben hier ihre Hauptquartiere aufgeschlagen. Penthouse-Wohnungen auf den Wolkenkratzern der 5th Avenue erzielen mit die höchsten Miet- und Kaufpreise der ganzen Stadt. Hier paart sich das oberste Management mit der Hochfinanz, Pelze mit Anzug und Krawatte und Businessmen treffen sich mit ihren Ehegattinnen auf dem Weg zu *Bergdorf & Goodman*. Die Luft vibriert förmlich vor Luxus, Geld und Macht. Ein Spaziergang hier ist sicherlich kein Pappenstiel, aber man war nicht in New York City, wenn man nicht einmal die 5th Avenue von der *Grand Army Plaza* bis zur *New York Public Library* entlang spaziert ist.

Am besten startet man an einem der geschichtsträchtigsten und gleichzeitig elegantesten Orte der Stadt: dem *The Plaza Hotel*. Ein Finanzier (Bernhard Beinicke), ein Hotelier (Fred Sterry) und ein Großindustrieller (Harry S. Black, damaliger Präsident der *Fuller Construction Company*) kauften sich ein Hotel, mit dem Ziel es zu einem der mondänsten und komfortabelsten aller Zeiten zu machen. Sie heuerten dafür einen Architekten an, Henry James Hardenbergh, der sich bereits an einem beeindruckenden Projekt, genauer gesagt dem *Dakota Building*, bewiesen hatte. Man nehme nun zwei Jahre Bauzeit, das Beste vom Besten, was die damalige Inneneinrichtungsszene zu bieten hatte – unter anderem wurden 1.650 Kristallleuchter und ein goldlegiertes Service gekauft – und mixe es mit allem, was einem an Pomp, Pracht und Opulenz von französischen Schlössern her bekannt ist. Voilà, vor einem steht das 19 Stockwerke hohe *Plaza Hotel*, eröffnet am 1. Oktober 1907.

Anfänglich als Apartmenthotel für die High Society gedacht, konnte man aber auch für 2,50 Dollar – das entspricht etwa 63,00 Dollar heute – ein Luxuszimmer mieten. Heute starten die Zimmerpreise ab 695,00 Dollar die Nacht. All der Aufwand im Inneren und Äußeren des Gebäudes hat sich definitiv gelohnt. Könige, Präsidenten, Botschafter, die *Beatles*, Sportler, hochrangige Politiker und Geschäftsreisende, sie alle kamen und kommen, um im *Plaza* zu übernachten. Ernest Hemingway soll sogar einmal zu F. Scott Fitzgerald bei einem ihrer illustren Treffen im *Plaza* gesagt haben, dass nach seinem Tod seine Leber nach *Princeton* und sein Herz ans *Plaza* gehen solle. Es bot die Kulisse für viele historisch relevante politische wie soziale Treffen – 1985 versammelten sich zum Beispiel Vertreter der USA, Deutschlands, Japans, Frankreichs und Großbritanniens, um den *Plaza Accord* zu unterzeichnen – dies brachte dem Hotel als einzigem neben dem *Waldorf Astoria* den Titel eines *National Historic Landmarks* ein.

Nach einer umfassenden Renovierung von 2002 bis 2007, für die das Hotel sogar zeitweise geschlossen werden musste, erstrahlt das *Plaza* wieder in ungetrübtem, einmaligem Glanz. Mit 282 Hotelzimmern und 152 Eigentumswohnungen erfüllt das Traditionshaus erneut seinen ursprünglichen Zweck eines Apartmenthotels für die wohlhabenden Bürger von New York City. Jeder, der zu Besuch ist in der Stadt, die niemals schläft, sollte unbedingt einen Blick in das Innere dieses architektonischen Schmuckstücks werfen. Seit 2010 gibt es im Untergeschoss des Luxushotels eine sogenannte *Food Hall*, die nicht nur Gästen des Hotels, sondern allen frei zur Verfügung steht. Wer sich dort einen Kaffee und ein herrlich luftiges Stück Schichttorte gönnen will, sollte durch den Haupteingang an der *Grand Army Plaza* gehen, um sich die opulente Lobby – dank Donald Trump wird der glänzend polierte Marmor nicht mehr von einem Teppich verdeckt – den dahinter liegenden, eleganten *Palm Court* – von den Damen der Gesellschaft schon immer gerne zum High Tea genutzt – und die weitläufigen Gänge mit hohen Decken und glitzernden Kristalllüstern nicht entgehen zu lassen. Das *Plaza Hotel* ist ein wahr gewordenes Märchenschloss mitten in einer der mächtigsten Metropolen der Welt.

The Plaza Hotel an der *Grand Army Plaza* © Natalie Wichmann

Ein anderes Märchenland befindet sich einmal über den Platz, auf der anderen Seite der Straße: *FAO Schwarz*. Das Spielzeugparadies kann auf über 150 Jahre Geschichte in New York City zurückblicken und ist somit eines der ältesten Spielzeuggeschäfte der USA. Frederick August Otto Schwarz folgte 1856 seinen zwei Brüdern von Deutschland in die aufregende Neue Welt. Gemeinsam eröffneten sie ihr erstes Spielwarengeschäft in Baltimore, Maryland. Das *Toy Bazaar* war ein Riesenerfolg und ermöglichte allen Brüdern 1870 jeweils ein eigenes Geschäft zu eröffnen. Frederick suchte sich als Standort New York City aus, seine Brüder blieben in Baltimore und Boston.

Allen drei Brüdern war die Liebe zu gut gemachtem, handwerklich perfektem Spielzeug angeboren und so bestückten sie ihre Läden mit dem besten Spielzeug aus Europa. Frederick expandierte in New York immer wieder, zog von einer Räumlichkeit in die nächste, denn jede wurde schnell zu klein. Schließlich benannte er seinen Laden in *FAO Schwarz* um. 1900 war er der erfolgreichste Spielzeughändler aller Zeiten. Nach 50 Jahren, in denen sein Spielzeug Jung und Alt verzaubert hatte, verstarb Frederick August Otto Schwarz 1911. Obwohl *Toys "R" Us* 2009 *FAO Schwarz* übernahm, spürt man auch heute noch den Geist des Gründers, ob in einer singenden Uhr, lebensgroßen Kuscheltieren, als Zinnsoldaten verkleideten Angestellten oder dem Kinderlachen, das weiterhin durch die drei Stockwerke voller Spielzeug hallt.

Und von dieser in eine weitere Wunschwelt, dieses Mal allerdings eine für Erwachsene, vor allem für Frauen: Das Luxuskaufhaus *Bergdorf & Goodman* ist das dritte majestätische Gebäude an der *Grand Army Plaza*. Aufgeteilt nach Männern, seit 1990 im östlichen Gebäude, und Frauen, im 1928 erbauten westlichen Hauptgebäude, ist auch *B&G* ein Traditionshaus von Manhattan. 1899 gründete Herman Bergdorf, seines Zeichens Schneider aus Alsace (dem Elsass) in Frankreich, eine Schneiderei am *Union Square*. Ein junger Kaufmann kam nur wenig später nach NYC, um Bergdorf als Lehrling zur Seite zu stehen. Edwin Goodman kaufte sich nach kurzer Zeit, 1901, in das Unternehmen ein und aus *Bergdorf* wurde *Bergdorf & Goodman*. 1906 übernahm er das Geschäft komplett, während der Gründer zurück nach Paris ging und sich dort zur Ruhe setzte.

Bis 1914 hatte sich das Kaufhaus einen Namen in der Stadt gemacht, sodass man sich entschloss, ein eigenes Gebäude weiter uptown zu errichten. Und nicht nur das, noch im gleichen Jahr startete *B&G* seine erste Prêt-à-porter Linie, das heißt Blusen, Hosen, Hemden und mehr, die nicht jedes Mal geschneidert werden mussten, sondern in genormten Größen direkt von der Stange verkauft werden konnten. Ein absolutes Novum für New York, ja vielleicht für die USA. Das machte *B&G* schnell zur ersten Adresse für amerikanische und französische Mode. Ein letzter Umzug, in die heutigen Räumlichkeiten, fand 1928 statt. Goodman ließ sich das stattliche Gebäude im schmeichelnden Beaux-Arts-Stil so bauen, dass es bei einem Misserfolg des Unternehmens einfach hätte unterteilt und einzeln vermietet oder verkauft werden können. Das wurde jedoch nie notwendig, das Gegenteil war der Fall: *B&G* kaufte sich immer wieder Nachbar- und Nebengebäude hinzu, um die stetig wachsenden Kollektionen unterbringen zu können. Andrew Goodman, Sohn von Edwin, übernahm das Geschäft 1953 und erweiterte die Produktpalette um einen Pelz-salon, ein Parfüm – das *Love Portion Number Nine* – sowie *Miss Bergdorf,* eine Linie für junge Frauen. 1959 kamen ein Boys und Girls Store hinzu, eben-so wie ein Beauty Salon und ein Brautmodengeschäft.

Bergdorf & Goodman © Miguel Marqueta

So wuchs *Bergdorf & Goodman* zum einflussreichsten Modehaus von NYC heran. Vor allem in den 70er und 80er Jahren, als Dawn Mello noch die Zügel in der Hand hatte, was den Einkauf und die in den elitären Club aufgenommenen Modelabel anging, gewann das Luxuskaufhaus absoluten Kultstatus. *Bist du nicht in Bergdorf & Goodman, dann bist du ein Niemand in der Modewelt,* dieses Credo hat sich auch heute unter Modemachern nicht geändert.

Natürlich ist ein Bummel bei *Bergdorf & Goodman* kostspielig und definitiv nichts für Mann oder Frau mit kleinem Budget. Trotzdem sollte jeder, ja wirklich jeder, einen Blick in diese antike Schmuckschatulle, in das alte Hauptgebäude werfen. Die Drehtüren am Eingang sind aus Mahagoni, die Decken, von denen delikate Lüster hängen, sind reich mit Stuck verziert, das Licht ist weich und die Angestellten exquisit gekleidet. Der untere Bereich ist für Schmuck und Accessoires vorgesehen, die in blankpolierten Glaskästen ausgestellt werden. Atemberaubend schön, so stellt man sich ein mondänes Kaufhaus aus den 30er Jahren vor.

„Nothing bad could ever happen to you in a place like this!" („*Nichts Schlechtes kann dir an einem Ort wie diesem passieren!"*) wiederholt *Holly Golightly* alias Audrey Hepburn, immer wieder über den Kult-Juwelier in *Breakfast at Tiffany's*, 1961 nach Truman Capotes gleichnamigem Klassiker in den Kinos. Wer einmal mit *Holly* morgens um 5.00 Uhr über die 5th Avenue spaziert ist, will unbedingt selbst einmal dorthin. Seitdem hat sich einiges verändert, *Tiffany's* jedoch nicht. Der mächtige, mit Granit überzogene Bau an der 5th Avenue hat schon Generationen von Frauen von Diamanten in der Größe von Golfbällen träumen lassen. Einmal hier durch die Reihen der Glasschaukästen bummeln, wie einst Holly Golightly, und sich einen Ring, ein Collier oder eine Brosche nach Lust und Laune aussuchen. Und anschließend in der klassisch, türkisfarbenen Box mit weißem Schleifenband – die man für kein Geld der Welt kaufen kann, sondern nur erhält, wenn man auch etwas bei *Tiffany's* erworben hat – vorsichtig den Schatz nach Hause tragen.

1837 von Charles Lewis Tiffany und John B. Young als Schreibwaren- und Geschenkartikelladen gegründet, operierte das Unternehmen schon immer von

Manhattan aus. 1853 übernahm Tiffany den Laden komplett und legte den Fokus schnell auf Schmuck, konkreter auf Diamanten. Der Luxus-Juwelier ist einer der wenigen der Welt, der bereits seit dem späten 19. Jahrhundert gelbe Diamanten in seinen Kunstwerken verwendete. 1878 kaufte Tiffany seinen ersten gelben Stein, der passenderweise unter dem Namen der *Tiffany Diamant* bekannt ist und heute im Hauptquartier an der 5th Avenue ausgestellt wird.

1880 präsentierte der Luxusjuwelier seinen ersten Verlobungsring, den *Tiffany Setting*, der heute von vielen heiratswilligen Männern über den Finger ihrer Angebeteten gestreift wird. Über die Jahre arbeitete *Tiffany's* mit diversen etablierten Designern zusammen: Der legendäre Jean Schlumberger kam 1956 zum Unternehmen, Andy Warhol kollaborierte mit dem Traditionshaus für Weihnachtskarten in den Jahren zwischen 1956 und '62. Elisa Peretti und ihre organisch inspirierten Werke gaben in den 70er Jahren den Ton an, Paloma Picasso folgte in den 80ern. Eine der jüngsten, aufmerksamkeitsstarken Kooperationen ging *Tiffany's* mit dem einflussreichen Architekten Frank O. Gehry, bekannt für seinen Jahrhundertbau des *Guggenheim Museums* in Bilbao, ein.

Von traumhaften Diamanten geht es die Prachtstraße weiter hinunter Richtung *Rockefeller Center*. Auf dem Weg dorthin kommt man an all den Großen vorbei: *Chanel, Louis Vuitton, Gucci, Armani* und vielen mehr. Selbst wenn man lieber nicht in die Modetempel reintapsen will, wie ein Elefant in den Porzellanladen, so lohnt sich hier der ansonsten leicht frustrierende Schaufensterbummel wirklich. Die Schaufenster sind nämlich das Beste. Das Traditionshaus *Gucci*, dessen Gründung ins Jahr 1921 in Florenz zurückgeht, hat einen einzigartigen Dekorateur, der sein Fach versteht. Gründer Guccio Gucci wäre sicherlich beglückt, wenn er die Dekorationen seines Flagshipstores in New York City sehen könnte. Seit 1994 führt Visionär Tom Ford als Creative Director des italienischen Luxuslabels *Gucci* ins neue Jahrtausend. Seine provokanten und dennoch innovativen Ideen können in den Schaufenstern an der 5th Avenue wie Designgeschichte bestaunt werden.

Das mit Milchglas verkleidete Stammhaus von *Louis Vuitton* reicht der 1845 in Paris gegründeten Marke ebenfalls zu aller Ehre. Das berühmte LV-Logo thront wie ein Krönchen auf dem Dach des Gebäudes, die Fenster zeigen noch die letzten Marc Jacobs Kreationen; der Modefürst hat sich 2013 von seiner Position beim französischen Haute Couture-Imperium verabschiedet.

Wer sich *Gucci, Prada, Louis Vuitton* und *Chanel* nicht leisten kann, aber dennoch nicht auf ein luxuriöses Shopping-Erlebnis verzichten will – und wer will das schon?! – der sollte sich das *Zara* mit der Hausnummer 666 mal genauer anschauen. Anders als wir es oft aus Europa kennen, gibt es in diesem Laden so etwas wie Wühltischatmosphäre nicht. Aufgemacht wie eine Nobelboutique, werden hier Kleider in Outfits zusammengestellt in Szene gesetzt. Es gibt ausschließlich die hochwertigen Linien des spanischen Bekleidungshauses und die sind limitiert, das heißt: das Geschäft lagert nichts. Wenn man also etwas gefunden hat, sollte man zuschlagen, morgen ist es vielleicht nicht mehr da!

So bummelt man sich von einer Straßenseite zur anderen. An der 53rd lohnt sich auch ein kleiner Abstecher in die Seitenstraße der 5th Avenue. Hier befindet sich das *Museum of Modern Art*, kurz *MoMA*. Und dessen Geschichte geht so: In den späten 1920er Jahren fassten drei einflussreiche Frauen, auch die „adamantinen Ladies" – was so viel heißt wie die resoluten, hartnäckigen Ladies – genannt, einen Entschluss: Sie wollten das erste Museum der Welt gründen, das sich ausschließlich mit moderner Kunst beschäftigt. Lillie P. Bliss, Mary Quinn Sullivan und Abby Aldrige Rockefeller setzten ihren Plan mit nur acht Drucken und einer Zeichnung als Grundstock ihrer zukünftigen Sammlung 1929 in die Tat um. Doch auch wenn Abby eine Rockefeller war, hatte sie von ihrem Mann, John David Rockefeller Jr.; kaum finanzielle Unterstützung zu erwarten – er hatte nicht viel für moderne Kunst übrig.

Gemeinsam mieteten die drei Damen Räumlichkeiten an und setzten Alfred H. Barr, einen Protegé von Gründungstreuhänder Paul J. Sachs, als ersten Direktor des *MoMA* ein. Er entwickelte eine Struktur, die das Museum in verschiedene Departements untergliederte. Neben den bereits damals üblichen Abteilungen für Malerei, Skulpturen, Zeichnungen und Drucke, schuf er Areale für Architektur und Design, Film und Video sowie Fotografie. Er begründete damit ein Novum in der Museumsleitung und legte den Grundstein für heutigen

Erfolg des MoMa. In den folgenden Jahren expandierte das *MoMA* in großen Sprüngen, was häufig Umzüge aus Platzmangel zur Folge hatte. Als Nelson Rockefeller, Abbys Sohn, 1939 im Alter von nur 30 Jahren zum nächsten schillernden Präsidenten des Museums wurde, plädierte er als einer der ersten für einen Umzug in ein neues, größeres Gebäude. Die Familie Rockefeller investierte schließlich selbst in den Bau von geeigneten Räumlichkeiten an der West 53rd Street, die immer noch Heimat des *MoMA* sind.

Heute haben dort über 300.000 Bücher und Akten zu über 70.000 Künstlern sowie eine Sammlung von 150.000 Exponaten, darunter Werke von Marc Chagall, Pablo Picasso, Salvador Dali, Henri Matisse, Paul Gauguin, Claude Monet, Andy Warhol, Jackson Pollock, Frida Kahlo, Francis Bacon, Paul Klee, Edward Hopper, Roy Lichtenstein, René Magritte, August Rodin, Robert Rauschenberg und vielen, vielen mehr Platz. Im 1932 von Iris Barry ins Leben gerufenen und kuratierten Filmdepartement werden immer wieder cineastische Schätze gezeigt. Das ebenfalls 1932 von Philip Johnson, einem der einflussreichsten amerikanischen Architekten aller Zeiten, gegründete *Architektur und Design Department* besitzt 28.000 Arbeiten, bestehend aus architektonischen Modellen, Fotografien und Zeichnungen. Allein das *Mies van der Rohe Archiv* ist ein Kleinod für sich. 2012 erweiterte das Museum sein Repertoire um Videospiele, um der Kunst, die diesem neuen Medium innewohnt, gerecht zu werden.

Trotz der erweiterten Ausstellungsflächen macht sich Platzmangel auch heute langsam aber sicher bemerkbar. Deshalb stellte Anfang 2014 die für Museumsbauten bekannte, renommierte Architekturfirma *Diller Scofidio + Renfro* – sie sind unter anderem für den Neubau des *Whitney Museums* sowie für das Redesign des Gebäudes der *Juilliard School* im *Lincoln Center* verantwortlich – Erweiterungspläne für das *MoMA* vor, die bis 2018/2019 fertig gestellt werden sollen. Der Umbau sieht unter anderem eine komplette Öffnung des Erdgeschosses, inklusive des Skulpturengartens sowie knapp 5.000 m² neue Ausstellungsfläche vor.

Das *MoMA* ist eines der Museen, die man unbedingt gesehen haben sollte. Der klassische Glas-Beton-Bau ist im Inneren offen, luftig und gleichzeitig verschachtelt. Als wenn jemand mit vielen Bauklötzen gespielt hätte, zwischen

denen hier und da Zwischenräume entstanden sind, die Einblicke in Treppen-
bereiche, Nebenräume und mehr gewähren. Im ersten Stock bietet eine vollflä-
chige Fensterfront einen spektakulären Blick in den Skulpturengarten und auf
die umliegenden Gebäude. Ein Besuch am Freitag von 16.00 bis 20.00 Uhr ist
für alle kostenbewussten Kunstliebhaber der richtige Zeitpunkt, da sponsert
nämlich das um die Ecke liegende *Uniqlo*, eine japanische Kleidungsmarke,
den Eintritt. Allerdings ist es dann auch immer sehr, sehr voll – bei gutem Wetter geht die Schlange einmal um den Block. Wer also noch was von der Kunst
sehen will, muss entweder früh kommen oder an einem anderen Tag. Allen, die
längere Zeit in NYC bleiben wollen, sei eine Jahreskarte des *MoMA* ans Herz
gelegt. Für nur 85,00 Dollar kann man ein ganzes Jahr frei ins Museum gehen,
außerdem gibt es viele Vorabpremieren, Gespräche mit Künstlern und Kurato-
ren sowie die Möglichkeit bis zu fünf Gäste für je fünf Dollar mitzubringen.
Und das Beste: Nirgendwo mehr anstehen, weder vor noch im Museum!

An der nächsten Kreuzung steht zwischen all den modernen Wolkenkratzern
von Midtown eines der romantischsten Gebäude der 5th Avenue mit dem
Charme der alten Welt. Louis-François Cartier kaufte es 1917 von Morton F.
Plant, einem der großen Lebemänner jener Zeit, im Tausch gegen eine einzigartige, doppelsträngige Perlenkette.

Was *Tiffany's* für Amerika ist, das ist *Cartier* für Europa. L.-F. Cartier gründete
sein Schmuckimperium 1847 in Paris. Er machte sich schnell einen Namen
und krönte seinen Erfolg mit einem Auftrag von Edward VII von England, der
sich als erster royaler Herrscher 1902 für seine Krönung 27 Tiaras von *Cartier*
anfertigen ließ. Seitdem hat die europäische Aristokratie die Schmuckmanu-
faktur zu ihrem Haus und Hof Juwelier ernannt. Viele Prinzessinnen und Fürs-
tinnen – so zum Beispiel 1912 Elizabeth Königin von Belgien oder 1920 Königin Victoria Eugenia von Spanien – ließen sich Diademe, Tiaras und Kronen
mit Diamanten, Saphiren, Rubinen und mehr schmücken. Rainier von Monaco
hielt um die Hand seiner Gracia Patricia mit einem 10.40 Karat Stein im Eme-
rald Cut an. Catherine, Duchess of Cambridge, trug zu ihrer Hochzeit mit Prinz
William die *Halo Tiara*, einst für die Hochzeit der Duchess of York und heutigen Königin von England von *Cartier* angefertigt. Mit seinem ersten

Flagshipstore in New York vertrieb der Luxusjuwelier seine kunstfertigen Schmuckstücke auch in der neuen Welt. Jeder kennt die roten Markisen, die die Fenster zieren. Die leuchtend rote Schleife rund um das Gebäude zur Weihnachtszeit hat schon seit langem Tradition. Selbst, wenn seit diesem ersten Sprung über den großen Teich viele weitere Hauptquartiere über den kompletten Globus verteilt hinzugekommen sind, so ist und bleibt *Cartiers* Sitz in New York City trotzdem etwas ganz Besonderes.

Cartier © Miguel Marqueta

Vom Reichtum der alten Welt, geht es zur Hochfinanz der neuen, zum *Rocke-feller Center*. Der Haupteingang zu diesem Tempel von Macht und Geld liegt zwischen der 50th und 49th Street. Biegt man dort hinein, kommt man direkt auf den goldenen Prometheus, das *GE Building* und die versenkte Plaza, auf der im Winter die berühmte Eisbahn entsteht, zu. Das gesamte Center besteht aus 19 Gebäuden, davon sind 14 Art déco-Klassiker aus den 30er und vier Büro-türme aus den 60er und 70er Jahren, das 19. ist das *Lehman Brothers Building*. Alles in allem umfasst das *Rockefeller Center* 89.000 m² zwischen der West 48th und 51st Street sowie zwischen der 5th und 6th Avenue. Es ist das größte, privat finanzierte Bauvorhaben der Moderne. Wer anders als ein Rockefeller hätte ein solches Projekt jemals auf die Beine stellen können?!

John D. Rockefeller Jr. mietete das Land des zukünftigen Centers von der *Co-lumbia University* im Jahr 1928 an. Eigentlich wollte er hier gemeinsam mit und für die *Metropolitan Opera* eine neue Residenz schaffen. Der Einbruch der Börse 1929 machte diesem Vorhaben jedoch einen Strich durch die Rechnung, die Oper sprang ab und Rockefeller musste sich einen neuen Plan einfallen lassen. Die Bauphase der ersten 14 Gebäude begann 1930 und fiel damit genau in die Zeit der *Großen Depression*. Über 40.000 Menschen fanden hier Arbeit – in einer solchen Phase ein echter Segen. Das *Rockefeller Center* gehört als eine der letzten architektonischen Unternehmungen noch zur alten Schule, die Kunst und Architektur als Eins dachte. Wer einmal über das Gelände spaziert ist, findet neben dem präsent platzierten Prometheus noch viele weitere Figu-ren aus der griechischen Mythologie. So hängt ein großes Relief von Zeus, Blitze aus dem Olymp schleudernd, über dem Haupteingang des *GE Buildings*, auch *30 Rockefeller* oder *30 Rock* genannt. Oder die Nymphen die, auf Fischen reitend, die Brunnen der Promenade bevölkern. Hermes, der über einer der Eingangstüren hängt oder Atlas, der die Welt, an einem der Eingänge von der 5th Avenue, auf seinen Schultern trägt. Viele unterschiedliche Künstler waren an der Gestaltung der Skulpturen und Reliefs des *Rockefeller Centers* beteiligt, unter anderem Meister wie Isamo Noguchi, Leo Friedländer und Carl Milles.

Eins der Gebäude des Centers ist die *Radio City Music Hall*, 1932 eröffnet und nicht nur eines der prunkvollsten und opulentesten Kinos, sondern mit 6.000 Sitzen auch eines der größten aller Zeiten. Ihr einzigartiger Innenausbau, kom-plett im schicken 1920er Art déco-Stil, hat schon Frank Sinatra und Ella

Fitzgerald singen hören. Heute ist es vor allem eine Konzertbühne, auf der jährlich das *Radio City Christmas Spectacular* stattfindet.

30 Rockefeller oder auch das *GE Building* ist das zentrale Gebäude des Centers und beheimatet mit seinen 70 Stockwerken auf 266 m den berühmten 2014 erst wieder neueröffneten *Rainbow Room*, den Hauptsitz des Fernsehsenders *NBC* sowie eine Aussichtsplattform im 70. Stock, die seit ihrer Renovierung 2005 den Besuchern einen 360° Grad Blick über Manhattan bietet. Beim Bau des *30 Rock* ist auch eines jener über alle Grenzen hinweg bekannten Bilder entstanden: *Lunchtime atop a skyscraper* von Charles C. Ebbets. Es zeigt eine Gruppe von Bauarbeitern, die auf einem in 260 m Höhe freischwebendem Stahlträger ihr Mittagspausenbrot isst.

In der Weihnachtszeit entfaltet das *Rockefeller Center* seinen besonderen Charme. Mit dem riesigen, glitzernden Weihnachtsbaum, bunten Lichterketten überall und den Wagemutigen, die sich aufs Eis trauen, verwandelt sich der Spielplatz der Hochfinanz in ein Winterwunderland. Allerdings sollte man niemals versuchen an einem der Adventswochenenden den Baum zu besichtigen. Da drängt sich alles dicht an dicht auf der Jagd nach dem perfekten Geschenk durch die 5th Avenue und die Luxuskaufhäuser dieser Stadt. Am besten geht man unter der Woche kurz nach Sonnenuntergang, dann ist es nicht so voll und man kann sich in Ruhe eine Weile dem zuckrig schönen Anblick hingeben.

Rockefeller Center Atlas © Miguel Marqueta

Vom *Rockefeller Center* ist es nur ein kurzer Weg von etwa zehn Blocks bis man zum majestätischen Gebäude der *New York Public Library*, kurz *NYPL*, kommt. Mit fast 51 Millionen Objekten, das umfasst Bücher wie DVDs, e-Books und Kassetten gleichermaßen, ist die *NYPL* die zweitgrößte Bibliothek Amerikas und die drittgrößte der Welt. Mit 87 Nachbarschaftsfilialen versorgt sie ganz Manhattan, die Bronx und Staten Island mit Wissen. Ihre historische Sammlung beherbergt so einzigartige Dokumente wie Kolumbus' Brief über die Entdeckung Amerikas von 1493 oder George Washingtons Abschiedsrede im Original.

Angefangen hat alles einmal mit zwei großen Bibliotheken, der *Lennox* und der *Astoria Bibliothek*. 1901 wurden diese zu einem einheitlichen, der Öffentlichkeit zur Verfügung stehenden Organ zusammengefügt und extra dafür sollte ein repräsentatives Hauptgebäude an der 5th Avenue zwischen der West 40th und der 42nd Street entstehen. Grundsteinlegung war 1902, das Ergebnis war der wahrscheinlich prunkvollste Beaux-Arts Bau seiner Zeit: Die Außenmauern des kompletten Gebäudes bestehen aus über 20.000 Marmorblöcken. 1910 wurden schließlich 120 km Bücherregalwände in der Bibliothek eingebaut und man benötigte über ein Jahr, um alle Bücher einzusortieren. 1911 wurde die Bibliothek schließlich eingeweiht und der Öffentlichkeit kostenfrei zur Verfügung gestellt.

Zwei steinerne Löwen bewachen den Haupteingang zur 5th Avenue, sie verkörpern die zwei Bücherbestände aus denen die *NYPL* einst entstanden ist. Anfangs wurden sie passend dazu noch *Leo Lennox* und *Leo Astoria* genannt, das wandelte sich irgendwann in *Lord Astor* und *Lady Lennox*, bis man in den 1930er Jahren schließlich eine völlig abweichende Umbenennung in *Patience* und *Fortitude* vornahm. Die neu entstandene Bibliothek hatte eines der schnellsten Ausleihsysteme ihrer Zeit und einen unfassbaren Bestand, in dem Besucher in aller Ruhe stöbern konnten und immer noch können sowie einen überdimensionierten Lesesaal, der Bücherwürmern vor Ehrfurcht die Tränen in die Augen treibt.

In den 70er Jahren des 21. Jahrhunderts wurde langsam klar, dass die Räumlichkeiten die angehäufte Sammlung nicht würden fassen können. Deshalb hob man den hinter der Bibliothek entstandenen *Bryant Park* aus und baute dort im Untergeschoss ein Archiv auf, das weitere 11.600 m² Stellfläche für Bücher zur Verfügung stellte. Der Park wurde anschließend wieder über dem Archiv angelegt und steht auch heute weiterhin der Öffentlichkeit zur Verfügung.

Wenn man etwas Zeit hat, sollte man unbedingt durch die heiligen Hallen der *NYPL* streifen. Steinerne Verschnörkelungen, erhabene, mächtige Treppen, ein weitverzweigtes Treppensystem, immer wieder frische, ungeahnte Durchblicke, machen den Besuch in der Bibliothek zu einem echten Erlebnis. Und wenn man dann das erste Mal in den riesigen *Rose Reading Room* mit seinen meterhohen, mit Gemälden verzierten Decken, den langen, honigfarbenen Holztischen mit den typisch grünen Tischlämpchen und den mächtigen Rundfenstern kommt, dann weiß man, man ist im Bücherhimmel. Das ist die ‚Stadt der träumenden Bücher‘, hier ist der ‚Friedhof der vergessenen Bücher‘. Und alle sind sie da, um von eifrigen Lesern entdeckt und direkt im wunderschönen Lesesaal verschlungen zu werden. Jeder, der eine Schwäche für Bücher hat, sollte hier herkommen. Aber Achtung, dieser Ort hat Suchtpotential! Das wusste auch schon Carrie aus *SATC*, die an diesem geschichtsträchtigen, einzigartigen Ort ihren Mr. Big heiraten wollte. Ja, wenn man will, kann man sich zwischen all diesen literarischen Schätzen das Ja-Wort geben.

New York Public Library © Miguel Marqueta

Hochzeitsbilder würden sich danach dann im hinter der Bibliothek liegenden *Bryant Park* anbieten. Der 39.000 m² große, privat verwaltete, aber trotzdem öffentlich genutzte Park, ist eine der wenigen üppigen Grünflächen südlich des

Central Parks. Seinen Anfängen als *Potter's Field,* als Friedhof für unbekannte Tote, ist der *Bryant Park* lange entwachsen. Mit der Entstehung der Bücherei ist auch er immer weiter expandiert, Terrassen und Kioske kamen hinzu. Bis in die 1930er Jahre jedoch verkam das Grundstück und keiner wollte hier so Recht mehr spazieren gehen. 1933/34 wurde der Park, wie so viele im Rahmen des Stadtverschönerungsprojekts von Robert Moses, einem Neudesign unterzogen. Eine rechteckige Rasenfläche und Spazierwege links und rechts davon wurden angelegt, eine Hecke umgab den Park und ein Zaun grenzte ihn von den umliegenden Straßen ab.

Bryant Park © Miguel Marqueta

Ein weiteres Mal jedoch verkam die Grünfläche am Rande von Midtown und in den 70er Jahren beherrschten Prostitution, Drogenhandel und Kriminalität den *Bryant Park.* Eine Organisation, aus der später die noch heute den Park leitende *Bryant Park Corporation* entstehen sollte, gründete sich und ging geballt gegen die Verschmutzung und Kriminalisierung des Parks vor. Sie entfernten sowohl die Graffiti als auch die zerstörten Pflanzen, sie stellten eine Sicherheitsgesellschaft ein, die jede Form von Drogenhandel und Prostitution im Keim ersticken sollte, sie stellten ein Programm auf die Beine, das die Attraktivität des Parks bei Familien erhöhen sollte.

1988 wurde der Park für vier Jahre geschlossen, um die dringend benötigten Renovierungsarbeiten zu leisten und sicherlich auch, um die Junkies und Obdachlosen eine Zeit lang gänzlich fern zu halten, in der Hoffnung, sie würden in andere Gebiete der Stadt umziehen. Während der Bauarbeiten wurde der gesamte Park abgesenkt, die Hecken ausgerissen und neue Eingänge geschaffen, um die Sichtbarkeit von der Straße aus zu erhöhen. Die Wege wurden erneuert und die Beleuchtung repariert. Zwei Restaurants entstanden an der Rückseite der Bibliothek und vier Kioske sind über den Park verteilt. Einer der cleversten Kniffe war das Verteilen von diversen, parkeigenen Stühlen, die sich jeder Besucher dort hinstellen kann, wo immer er möchte. So kann jeder den Ausblick genießen, den er mag und gestaltet damit seinen Besuch im Park selbst.

1992 wurde der *Bryant Park* mit breiter, medialer und öffentlicher Zustimmung neu eröffnet. Seitdem bietet er ein grünes Esszimmer für all die Büromitarbeiter der umliegenden Gebäude – verstärkt kommen Yuppies und Medienmenschen in den Park seit 2000 das erste freie W-LAN eingerichtet wurde – außerdem findet das *Bryant Park Summer Film Festival* im Sommer satt und im Winter wird hier die Schlittschuhbahn eröffnet. Ein antikes Karussell rundet die leicht nostalgische Atmosphäre, die der französisch angelegte Park bietet, ab. Hier kann man einen entspannenden Zwischenstopp einlegen, einen Kaffee trinken oder sich aus dem *Open Air Reading Room* – einer Art Lesesaal unter freiem Himmel, in dem sich jeder Bücher und Zeitschriften kostenfrei und ohne Bibliotheksausweis leihen kann – einen Titel aussuchen und ein wenig darin blättern.

Bryant Park © Miguel Marqueta

Frisch ausgeruht geht die Reise durch Luxus und Konsum weiter zu *Macy's*, neben *Barney's, Bloomingdale's, Bergdorf & Goodman* und *Saks* eines der pompösen Luxuskaufhäuser der Stadt. Am besten verlässt man den *Bryant Park* dafür an seinem Haupteingang an der 6th Avenue, hier auch die *Avenue of the Americas* genannt, und schlendert diese runter Richtung Süden bis zur West 34th Street.

Rowland Hussey Macy legte 1858 mit seiner Gründung eines Textilfachgeschäftes in New York City den Grundstein für das heute multinational operierende Großunternehmen. Von jeher war das *Macy's*-Logo auf die eine oder andere Art mit einem Stern versehen, dank eines Tattoos, das sich der Gründer auf einem Kutter namens *Emily Morgan* in seiner Zeit als Walfänger stechen ließ. Macy erwies sich als Marketingexperte der ersten Stunde, er dekorierte und beleuchtete seine Schaufenster fantasievoller als alle seine Konkurrenten und ließ in der Weihnachtszeit einen Santa Claus für die Kleinen kommen. Beides Traditionen, die auch heute noch die Adventszeit in New York City zu etwas Besonderem machen.

Seit 1902 ist das Kaufhaus nun schon am *Herald Square* an der West 34th Street. Natürlich hat auch das größte Kaufhaus einmal klein angefangen, aber mit steigendem Erfolg expandierte das Geschäft so lange bis es heute fast den gesamten Block umfasst. Bei *Macy's* einzukaufen ist nicht nur einfach Shopping, es ist ein Erlebnis, ein Abenteuer. Hinter jeder Ecke gibt es etwas Neues zu entdecken. Zum Beispiel, selbst wenn man nichts im Men's Department sucht, sollte man alleine wegen der hölzernen Rolltreppen, die noch aus den Anfängen des Kaufhauses in den 20er Jahren stammen, sich einmal dorthin verirren. Absolut einmalig ist ein Besuch im Luxuskaufhaus definitiv zur Weihnachtszeit. Immer noch werden die Schaufenster besonders schön dekoriert, allerdings nicht mit Kleidung oder etwa Geschenken, nein, jedes Jahr wird mit beweglichen Figuren und musikalischer Untermalung bei *Macy's* eine ganz eigene Weihnachtsgeschichte erzählt. Der feierlichen Enthüllung wohnen Tausende von Menschen bei; die Kinder von New York drücken sich in alljährlicher Tradition die Nasen an den Weihnachtsschaufenstern des Luxuskaufhauses platt.

Vom *Herald Square* geht es ein Stück zurück wieder auf den Broadway und den dann rauf in Richtung Norden. Bald blinken die ersten Lichter auf und schnell wird klar, was das nächste und letzte Ziel des Spaziergangs sein wird: der *Times Square*. Dort, wo sich Broadway und 7th Avenue treffen, ist er entstanden, der Platz für Kommerz und Konsum, auch *Center of the Universe* genannt. Hier gibt es Werbeflächen groß wie Häuser, ein Beleuchtungsminimum anstelle eines Maximums, hier schieben sich täglich über 300.000 Menschen durch die Straße, nur, um das größte Leuchtreklamenmeer der Welt zu sehen.

Der *Times Square* erhielt seinen Namen von einer Zeitung. 1904 zog Adolph S. Sachs mit seiner *New York Times* in einen der großen Bürotürme am damals noch *Longacre Square*. Er überredete den Bürgermeister eine der neuen U-Bahnlinien an eben diesem Platz halten zu lassen und im Zuge dessen ihn auch gleich umzubenennen. Gesagt, getan und nur vier Wochen später hing auch schon die erste erleuchtete Reklame und ihr sollten noch viele weitere folgen. In den 1910ern und 20ern entwickelte sich der *Times Square* schnell zum kulturellen Zentrum der Stadt. Konzerte, Theater und gehobene Hotels siedelten sich hier an. Charlie Chaplin und Fred Astaire gingen in den Clubs ein und aus. Die ausgelassene Stimmung kippte jedoch in der *Großen Depression* der 30er Jahre und die Atmosphäre am *Times Square* veränderte sich. Drogenhandel, Prostitution, Spielhöllen und Kriminalität hielten Einzug in dieses einst so schillernde Viertel für die Prominenz der *Roaring Twenties,* der Goldenen 20er Jahre. Bis in die 1990er hinein war der Platz ein Symbol für den Verfall der Stadt mit seinen Pornokinos, Sexshops und den unzähligen Oben-Ohne-Bars.

Times Square © Miguel Marqueta

Mitte der 90er hatte der damalige Bürgermeister Rudolph Giuliani endgültig die Nase voll und ordnete die Säuberung des Viertels an. Er erhöhte die Anzahl der Sicherheitskräfte, ließ die Theater für Erwachsene schließen, vertrieb die Obdachlosen und Drogensüchtigen und eröffnete familienfreundliche Attraktionen wie Restaurants. NYer bezeichnen diesen Prozess scherzhaft auch als *Disneyfizierung* des *Times Square*. Außerdem wurden sechs der neun historischen Broadwaytheater wieder in den Besitz der Stadt gebracht und aufwendig renoviert. Heute sind die Musicals an den *Times Square* zurückgekehrt; die aufmerksamkeitsstärksten Stücke laufen hier! Der neue Bürgermeister Michael Bloomberg machte da weiter, wo Giuliani aufgehört hatte und verbot den Verkehr sowie das Rauchen auf dem Platz.

Heute kann man sich mitten auf den *Times Square* stellen, umzingelt von grellen, blinkenden Reklamen und sich dem Konsumwahnsinn hingeben. Obwohl es sich ausschließlich um Werbung handelt, so hat dieser Ort doch seine eigene Magie. Zwischen all den farbenprächtigen Werbebannern fühlt man sich auf einmal ganz klein und doch ganz groß. Es ist beinahe berauschend dort zu stehen und die wilde Bilderflut auf sich einprasseln zu lassen!

Ganz New York ist berauschend! Jeder sollte einmal in seinem Leben die Stadt, die niemals schläft, besuchen. Also viel Spaß beim Entdecken und Spazierengehen!

Highlights 5th Avenue

1) The Plaza Hotel

768 5th Avenue, New York, NY

Website: www.theplazany.com

2) FAO Schwarz

767 5th Avenue, New York, NY

Website: www.fao.com

3) Bergdorf & Goodman

Frauen 754 5th Avenue, New York, NY

Männer 745 5th Avenue

Website: www.bergdorfgoodman.com

4) Tiffany's

727 5th Avenue, New York, NY

Website: www.tiffany.com

5) MoMA

11 West 53rd Street, New York, NY

Website: www.moma.org

6) Cartier

653 5th Avenue, New York, NY

Website: www.cartier.com

7) Rockefeller Center

Website: www.rockefellercenter.com

8) New York Public Library

5th Avenue Höhe 42nd Street

Website: www.nypl.org

9) Bryant Park

Website: www.bryantpark.org

10) Macy's

151 West 34th Street, New York, NY

Website: www.macys.com

11) Times Square

Website: www.timessquarenyc.org

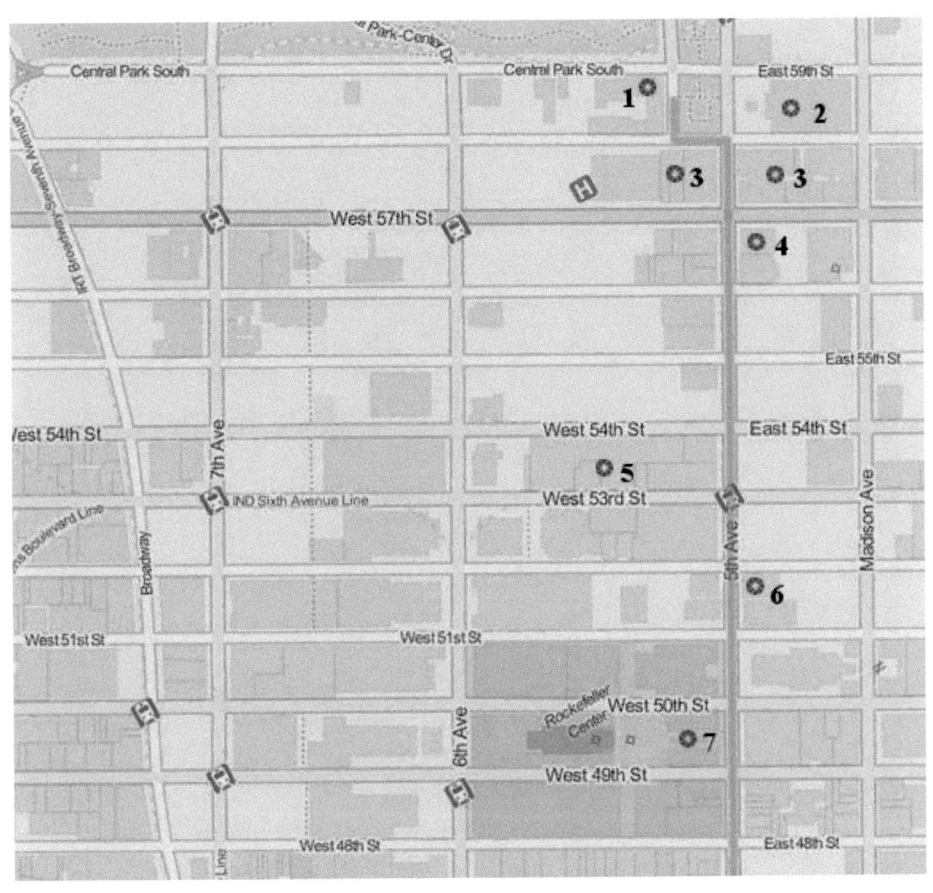

5th Avenue und Midtown 1 © OpenStreetMap.org contributors

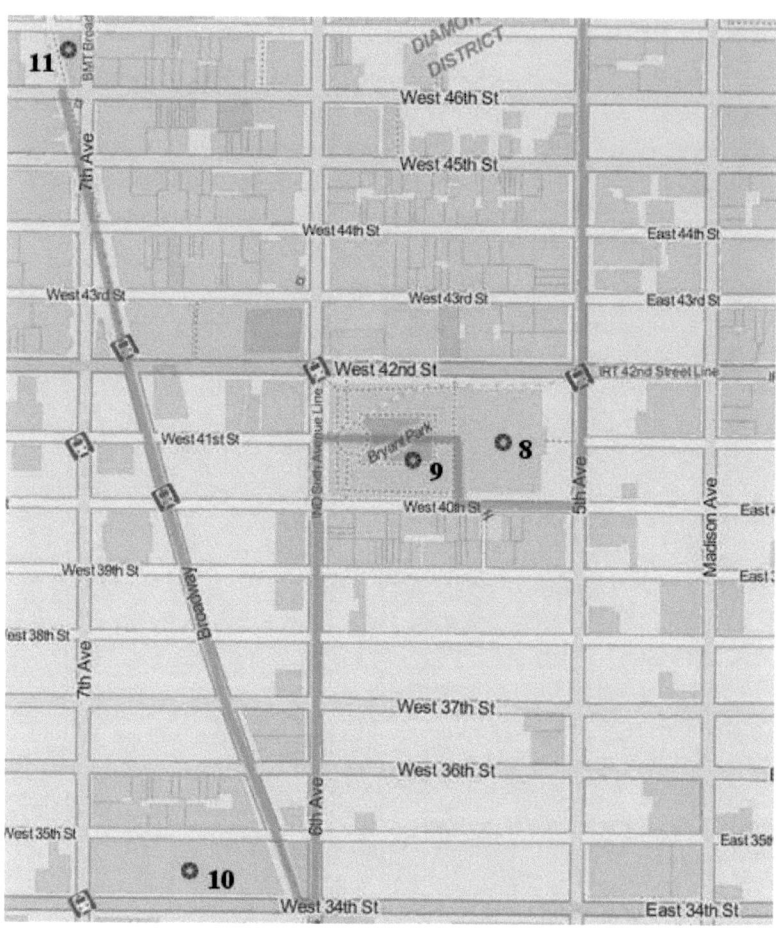

5th Avenue und Midtown 2 © OpenStreetMap.org contributors

Wenn einer eine Reise tut, dann kann er was erzählen. – **Matthias Claudius**

In diesem Sinne sollten alle, die nach zehn Spaziergängen durch die Weltmetropole immer noch nicht genug kriegen können von der Stadt, die niemals schläft, unbedingt selbst einmal in den Big Apple reisen und weitere spannende Orte auf eigene Faust entdecken!

Bildnachweis

Alle Bilder innerhalb dieses Buches und auf dem Cover stammen von:

- Miguel Marqueta

- Natalie Wichmann

- OpenStreetMap und Mitwirkende, CC BY-SA

www.openstreetmap.org

Lesetipps

Lust auf mehr Reiseabenteuer? Hier finden Sie weiteren spannenden Lesestoff aus unserem GRIN & Travel Programm:

Mein Jahr Neuseeland

von Carolin Werner

Jetzt kaufen auf grin.com.

Carolin Werner hat sich einen persönlichen Traum erfüllt und war ein Jahr als Backpacker in Neuseeland unterwegs. In diesem Buch erzählt sie ihre Geschichte und berichtet von neuen Freunden, harter Arbeit, einem verheerenden

Erdbeben, geworfenen Gummistiefeln und Herr-der-Ringe-Touren auf beiden Inseln Neuseelands. Dazu liefert die Autorin jede Menge praktische Tipps, die auch gleich mit aktiven Links ins Internet versehen und somit direkt aus dem E-Book heraus aufrufbar sind. So können Sie Ihre Reise mit stets aktuellen Informationen z. B. zu Öffnungszeiten und Eintrittspreisen perfekt vorbereiten.

ISBN: 978-3-656-31580-3

Einmal quer durch Kanada

von Alexander & Cindy Fischer

Jetzt kaufen auf grin.com.

Berge, Seen, Wasserfälle und wilde Bären in Nationalparks einerseits und Großstadtflair in Vancouver, Toronto, Montreal und Ottawa andererseits - so malten sich Alexander und Cindy Fischer ihren 4-wöchigen Mietwagen- und

Wanderurlaub in Kanada aus. In diesem Buch schildern sie ihre ganz persönlichen Eindrücke von den großen Nationalparks Jasper, Yoho, Mount Revelstoke und Banff und erzählen von ihrer Suche nach wilden Tieren, von schwierigen Wanderwegen, tosenden Wasserfällen und den fantastischen Berglandschaften, die Kanadas Natur so einzigartig machen. Auch in den Städten entdeckten die Autoren Ungewöhnliches und Interessantes: Eine dampfende Uhr in Vancouver, ein komplett überdachtes Straßensystem in Calgary, ein mittelalterlich anmutendes Schloss in Quebec, den rot-gold-leuchtenden Indian Summer in Ottawa und einen riesigen Turm in Toronto. Und natürlich darf auch ein Abstecher zu den berühmten Niagara-Fällen und ins nahe gelegene New York in den USA nicht fehlen. Sie erfahren in diesem Buch, was Sie bei einem Kanada-Besuch auf keinen Fall versäumen dürfen, aber auch, worauf Sie getrost verzichten sollten. Dazu liefern die Autoren jede Menge praktische Tipps, die auch gleich mit aktiven Links ins Internet versehen und somit direkt aus dem E-Book heraus aufrufbar sind. So können Sie Ihre Reise mit stets aktuellen Informationen z. B. zu Öffnungszeiten und Eintrittspreisen perfekt vorbereiten.

ISBN: 978-3-656-36292-0

Südostasien – Der Weltreise dritter Teil

von Fabian Pitzer

GRIN & TRAVEL

Fabian Pitzer

Backpacker unterwegs

Südostasien - Der Weltreise dritter Teil

Thailand, Laos, China, Vietnam, Kambodscha und Myanmar

GRIN

Jetzt kaufen auf grin.com.

Der Foto-Blogger Fabian Pitzer und seine Kamera waren auf Weltreise. Sein drittes großes Ziel war Südostasien. In diesem Buch schildert er seine ganz persönlichen Eindrücke aus Thailand, Laos, China, Taiwan, Vietnam, Kambodscha und Myanmar und zeigt mit seinen kraftvollen Bildern bekannte und unbekannte Orte dieser Länder. Dabei stehen weniger die üblichen Sehenswürdigkeiten im Vordergrund, sondern vielmehr unberührte Stätten jenseits der klassischen Touristenpfade. Mit ausdrucksstarken Porträts zeigt Fabian Pitzer ganz authentisch die Menschen, ihre Kultur und ihre Art zu leben – und bezieht an der ein oder anderen Stelle sehr deutlich Position, wie es ihm als Mitteleuropäer in Südostasien erging. Pitzers weitere Reiseziele waren Arabien und Indien, die er in eigenen Bänden bei GRIN & Travel beschrieben hat.

ISBN: 978-3-656-31579-7